살아 있는 순교자
리처드 범브란트

Copyright ⓒ 1997 by Catherine Mackenzie
Originally published in English under the title

A Voice in The Dark

published by Christian Focus Publishing, Inc.,
Geanies House, Fearn, Tain, Ross-shire, IV20 1TW, Scotland, U.K.
All rights reserved.

Korean Edition
ⓒ 2017 by Precept Ministries Korea
8-1, Cheongnyongmaeul-gil, Seocho-gu, Seoul, Korea

살아 있는 순교자

리처드 범브란트

캐서린 맥켄지 지음 | 박상현 옮김

묵상하는 사람들
프리셉트

주께서 생명의 길을 내게 보이시리니
주의 앞에는 충만한 기쁨이 있고
주의 오른쪽에는 영원한 즐거움이 있나이다

시편 16:11

차례

1. 감옥에서의 시간들 8
2. 죄수들, 걸어가! 14
3. 사비나! 20
4. 리처드의 손님 26
5. 수많은 질문 32
6. 죽음과 우울함 36

7. 고문 44
8. 완벽한 침묵 54
9. 춤추고 뛰며 하나님을 찬양 60
10. 예수님께 74
11. 4번방 84

12. 재교육 96
13. 새로운 감방, 오래된 문제들 112
14. 마침내 얻은 자유 124
15. 집으로 136
16. 다시 체포되다 142
17. 주님과 함께 156

더 생각해 보기 162
리처드 범브란트 생애 요약 170
리처드 범브란트 연대표 172
저자의 간증(후기) 174

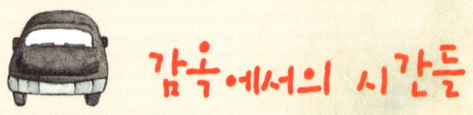# 감옥에서의 시간들

한 젊은이가 쓸쓸한 도시를 걷고 있었다. 그는 혼자였지만, 하나님과 이야기를 나누고 있었다.

"하나님 아버지, 이렇게 아름다운 저녁을 주셔서 감사해요. 햇빛, 따뜻한 온도, 상쾌한 바람 그리고 저에게 주시는 당신의 놀라운 사랑에 감사해요."

그때 갑자기, 그의 눈앞에 빨간 목도리를 두른 무리가 나타났다. 그들은 길 건너편에서 마치 '우리는 공산주의자(모든 물건은 항상 공동의 소유가 돼야 한다는 정치적인 신념을 가진 사람) 청년들이다. 신은 없다. 우리가 미래다'라고 외치는 것 같아 보였다. 그도 한때는 그 무리처럼 하나님의 사랑을 모르던 시절이 있었다. 그는 한숨을 쉬며 중얼거렸다.

"나는 정말이지 거짓말들을 너무 믿었어."

젊은이는 깨진 포장도로 위를 성큼성큼 걸어갔다. 그는 곧 시끌벅적한 소리가 들리는 곳으로 향해 갔고, 다채로운 색깔의 물건들을 진열한 노점상들을 만났다. 물건을 파는 사람들은 아직 많이 남은 채소와 생선 등을 팔려고 지나가는 사람들을 향해 다급하게 소리쳤다. 길 건너편 노점에서는 향긋한 빵 냄새가 풍겼다.

그 앞에서 어린 소녀가 '사랑'에 대한 노래를 부르며, 신나게 뛰어갔다. 그 모습을 본 젊은이는 마음대로 설교할 수 있는 자유를 간절히 바랐다. '만약 내가 하나님에 대해 자유롭게 설교할 수 있었다면, 나는 저 어린 소녀에게 사랑의 창조자에 대해 이야기했을 거예요. 다행히 공산주의자들은 제 마음을 읽지 못하니 생각하는 건 제 자유죠. 주님, 그들이 당신의 생각을 닮아가도록 해 주세요.'

그는 어린 소녀에게 "예수님께서 당신을 사랑하세요"라고 말해 주고 싶었다. 하지만 그 말은 금지됐다. 빨간 목도리의 공산주의자들과 그를 따르는 청년들은 하나님을 사랑하는 것이 죄라고 말하기 때문이다. 그렇지만 가끔씩 조그맣게 속삭이듯 말하거나 예수님의 기쁨이 전해지기도 했다. 그의 목소리는 어둠 속의 목소리였다. 그리고 위험을 알리는 다급한 속삭임이기도 했다. 그의 외침이 다른 사람들을 죽음에서 일깨워 줬다. 이 사실이 알려지면서 주일에 교회로 향하는 사람들의 모습이 감시당했다. '몇 발자국만 더 가면 모임 장소가 보일 거야. 예배가 시작하기 전에 예수님과 조용한 만남을 가질 시간도 충분해.'

이 생각을 하며 그는 다섯 발자국을 더 걸어서 모퉁이를 돌았다. 그때 검은색 차가 나타났다. 검정색 고무 바퀴와 회색 콘크리트 도로가 마찰되며 "끼익" 하는 소리가 났다. "쾅!" 하고 차 문이 닫히는 소리가 들렸고, 다시 바퀴가 움직이는 소리가 났다. 젊은이는 두 팔은 붙들리고, 손에는 수갑이 채워지고, 몸은 정신없이 차 바닥으로 밀어 붙여졌다. 리처드 범브란트Richard Wurmbrand가 루마니아의 인민정부에 체포된 것이다.

****

　리처드의 눈에 그의 팔을 양쪽에서 붙들고 있는 비밀경찰들과 그들의 허리에 채워진 몽둥이가 보였다. 리처드는 눈물을 참으려고 애썼다. 그러자 조금 진정이 됐다. 그는 두려움에 자신을 내어주지 않으려고 노력했다. 그는 마음속으로 '하나님, 저를 도와주세요' 하고 기도했다.

　그들이 칼레아 라호바 Calea Rahova 라고 불리는 길로 들어서자 흐릿한 창문 너머로 표지판이 보였다. 철문이 열리고 넓은 마당에 들어서자 리처드는 마침내 자신이 어디에 도착했는지 알 수 있었다.

　그의 뒤에서 철문이 "철컹" 소리를 내며 닫혔고, 그들은 리처드에게 아무 말도 하지 말고 가만히 서 있으라고 명령했다.

　곧 차가운 손이 그의 소지품, 옷가지, 신분증 그리고 자유를 빼앗았다. 그리고 순식간에 목사 리처드 범브란트의 이름을 없애고, 아무도 모르고 아무도 찾지 않는 바실레 제오르제스쿠 Vasile Georgescu 로 바꿔 버렸다. 그는 많은 사람 중의 평범한 한 사람이 됐다. 일은 매우 빠르고 조용하게 처리됐다. 리처드의 인생, 이름, 신분은 바닥에 있는 그의 노트, 성경책, 넥타이, 신발 끈 더미 위에 함께 버려졌다.

죄수들, 걸어가!

"죄수들, 걸어가!" 죄수들은 앞으로 걸어갔다.

리처드는 계속 '제오르제스쿠'라는 이름으로 불렸다. 공산주의자들은 리처드의 신분을 감췄다. 그래서 아무도 그가 진짜로 누구인지 몰랐다. 심지어 리처드의 아내도 그가 어디에 있는지 알지 못했다. 그들은 리처드의 머리에 자루를 씌웠다. 그는 아무것도 볼 수 없었다.

"계속해서 걸어가, 제오르제스쿠. 빨리!"

리처드는 영문도 모른 채 정신없이 앞으로 걸어갔다. 막다른 길에 다다르자 누군가 그를 뒤로 확 잡아당겼고, 열쇠로 자물쇠를 잠그는 소리가 들렸다. 이로써 그가 누렸던 자유로운 삶은 끝난 것이다. 이제 감방에서의 생활이 시작됐다. 리처드는 지금까지와는 다른 삶으로 들어섰다.

자루를 벗고 주위를 둘러보자 나무로 만든 판자 침대 2개가 방의 양쪽에 하나씩 놓여 있었다. '마음의 준비를 해야 해. 나는 공산당의 감옥 방을 채우기 위해 여기 있는 게 아니야. 비밀경찰은 뭔가를 알고 싶어 해. 질문, 질문, 또 질문이 있을 거야. 그리고 그건 시작에 불과할 거야.' 리처드는 숨을 크게 들이쉬었다. 그는 판자 침대에 앉아 앞으로 어떤 일들이 닥칠지 생각했다. 곧 고문을 당할 게 분명했다. 리처드는 머리를 숙이고 하늘에 계신 아버지께 기도를 드렸다.

"아버지, 도와주세요. 저는 죽을지도 몰라요."

****

리처드는 다시 한 번 감방을 둘러봤다.

"하나님, 그때는 몰랐지만 저는 감옥에 있던 것이나 마찬가지였어요. 저의 영혼은 죄와 불신에 사로잡혀 있었어요. 하나님, 당신을 모르고 당신이 계시다는 것을 믿지 않았던 저의 심장은 죄의 사슬에 묶여 있었어요. 그럼에도 계속 저의 방법대로만 살았네요. 하지만 당신은 저를 당신의 것으로 만들 영광스러운 순간을 기다리고 계셨어요. 제가 그걸 깨닫기까지 25년이나 필요했어요."

리처드는 자신이 지난 25년 동안 어떤 사람이었는지 떠올리며 얼굴을 찌푸렸다. 그는 유복하고, 성공한 사람이었으며, 부쿠레슈티Bucharest(루마니아 수도)가 제공하는 모든 밤 문화를 즐기는 데 열심이었다.

****

"리처드, 오늘 밤에는 어느 클럽에 갈 거야?" 사무실 동료가 물었다.

"나도 잘 모르겠어, 광장 옆에 춤추는 여자들이 있는 곳은 어때?"

리처드를 비롯한 많은 사람이 밤에 모여 술을 마시고 춤을 췄다. 또 어떤 밤에는 난폭한 게임을 즐겼다. 리처드는 겉으로 보기에 모든 걸 가진 사람이었다. 그가 갖지 못한 단 한 가지는 마음의 평안이었다.

'나는 아무 의미 없고 쓰레기로 가득 찬 하루하루를 살고 있어.' 리처드는 들고 있던 술잔의 바닥을 바라봤다. '난 신이 없다는 걸 알아. 하지만 있었으면 해. 나의 가슴 깊은 곳에는 하나님께서 존재하기를 바라고 있어. 그랬다면 난 삶의 목적을 갖고 있었을 거야. 그러면 정말 좋겠다!'

뚜렷한 목적 없이 하루하루 살아가던 리처드는 1936년 10월 26일 사비나Sabina와 결혼했다. 하지만 결혼 후에도 리처드는 안정된 삶을 살지 않았다. 그는 거짓말하고, 바람을 피고, 새롭고 흥미로워 보이는 사람과 즐기기 위해 주변 사람에게 상처를 줬다. 결국 리처드의 방탕한 생활은 그의 목숨을 위험하게 만들었다.

"범브란트 씨, 당신은 결핵입니다."

의사는 리처드에게 회복을 위해 교외에 있는 요양원에 들어갈 것을 제안했다.

❋❋❋❋

몇 달이 지나, 리처드의 결핵이 나아지기 시작했다. 하지만 완전히 나은 것은 아니었다. 리처드는 의사의 말대로 몸과 마음을 회복하기 위해 한 마을로 가서 잠시 머물기로 결정했다.

한편, 그가 지내기로 한 곳에는 신앙심이 매우 좋은 목수 부부가 살고 있었다. 그들은 매일 리처드를 돌봐 줬으며, 그가 꼭 예수님을 믿기를 간절히 기도했다.

그러던 어느 날이었다. 리처드가 성경을 읽자, 눈가가 뿌옇게 흐려졌다. 읽는 구절마다 하나님의 말씀이 그의 가슴속을 파고들었고, 결국 눈물이 터져 나와 글자를 제대로 읽기가 힘들었다. 리처드가 볼 수 있던 것은 그리스도의 순결함과 자신의 불결함, 그리스도의 사랑과 자신의 증오, 그리스도의 의로운 삶과 자신의 죄뿐이었다.

리처드는 이제 예수님의 소유가 됐다. 리처드는 예수님께서 자신 때문에 돌아가셨음을 깨달았다. 예수님은 당신의 위대한 사랑으로 그의 벌과 고통을 대신해서 감당하셨다. 리처드는 이제 예수님을 승리자로 보게 됐다. 리처드는 구원을 받았다. 그리스도께서 그의 평생을 기다리셨고 이제야 만났다.

✳✳✳✳

"주님을 찬양합니다. 할렐루야!"

철창 안에서도 리처드의 가슴은 큰 소리로 구원의 기쁨을 노래했다. 아름다운 평화와 희망에 관심을 기울이자 그는 마음속에 어떤 두려움도 남아 있지 않음을 깨달았다. 그는 감금, 고문 혹은 죽음이 기다리고 있을지도 모르는 눈앞에 놓인 미래를 바라보며 말했다.

"나는 이 감옥을 나의 기도 응답으로 보겠어. 어떤 위대한 발견이 기다리고 있는지 궁금해서 참을 수가 없어."

그리고 리처드는 생각했다. '하나님께서 이 모든 것을 통해 나를 보셨어. 이제 하나님께서 다시 일하실 거야.'

사이나!

리처드는 몇 분이라도 잠을 자려고 노력했다. 감옥에서의 시간은 매우 천천히 흘렀다.

덜커덕거리는 소리가 감옥에서의 첫 식사가 도착했음을 알렸다. 거친 두 손이 금속으로 만든 접시를 문 밑으로 밀어 넣었다.

"맛있게 먹으라고!" 간수가 비꼬듯이 낄낄 웃으며 말했다.

끓인 보리와 곰팡이 핀 빵이 담긴 접시가 바닥에 놓여 있었다. 하지만 리처드는 속이 거북하고, 춥고, 입맛이 없었다.

그를 비웃던 간수는 분명 가족들과 식사를 즐기러 집으로 갈 것이다. 리처드는 사비나의 얼굴을 떠올렸다. '사비나, 나의 아내. 당신이 벌써 보고 싶어.'

※※※※

리처드는 아름다운 아내에게 구원의 놀라운 소식을 전했던 때를 떠올렸다. 그는 아내가 소식을 듣고 기뻐할 거라 생각했지만, 안타깝게도 그건 잘못된 생각이었다. 사비나는 몹시 화를 냈다.

리처드는 참을성 있게 기다리며 그녀에게 생각할 시간을 줬다. 하지만 사비나는 쉽게 설득되지 않았다. 더군다나 하나님을 만나는 일보다 더 즐거운 일들이 그녀에게 남아 있었다.

"나는 일요일을 교회에서 보내지 않을 거예요. 그것보다 훨씬 재밌는 파티에 갈 거예요!"

그러던 어느 일요일 저녁이었다. 이날 밤도 사비나는 리처드에게 교회에 가지 말고 영화관에 가자고 설득을 하고 있었다. 리처드는 드디어 아내에게 다른 방법을 쓸 때가 됐다고 결정했다. 리처드는 사비나가 꽤 놀랄 만한 말을 했다.

"좋아요, 당신이 영화가 보고 싶다면 보러 갑시다. 왜냐하면 난 당신을 사랑하기 때문이오!"

그들은 큰길로 걸어 내려가며 무슨 영화를 볼 것인지 의논했다. 사비나가 결정하지 못하자 리처드는 그의 엄청난 계획을 실행에 옮겼다. 리처드는 일부러 가장 선정적인 영화를 골랐다. 영화가 끝난 후, 그들은 모퉁이에 있는 카페에 갔다. 서로 이야기를 나누던 중, 리처드가 뭔가를 말하자 사비나는 맛있게 먹고 있던 크림 케이크를 떨어뜨릴 뻔했다.

"사비나, 당신은 더 이상 재미없어요. 난 오늘 밤에 다른 여자를 만나 호텔에 가겠어요."

사비나가 몹시 놀라 기침을 하면서 리처드에게 말했다.

"당신 뭐라고 했어요?"

"당신이 오늘 밤에 나오기를 원했잖아요. 나는 영화의 남자 주인공이 무엇을 하는지 봤어요. 그런데 나는 왜 똑같이 하면 안 돼요? 남자는 자신이 본 대로 행동해요. 당신이 정말 내가 그런 영화를 보길 원한다면 나쁜 남편을 참아 줘야만 할 거예요. 반대로 당신이 좋은 남편을 원한다면 나를 교회에 가게 해 줘요. 그리고 가끔은 나랑 같이 가 줘요."

"좋아요. 나도 영화에 대한 당신 생각에 동의해요. 그건 최악이었어요. 그리고 그런 남편을 참는다는 건 말도 안 돼요!"

얼마가 지나자, 리처드는 계획의 다음 단계를 행동으로 옮겼다. 그는 자신이 제대로 하고 있다고 생각했다. 리처드는 사비나에게 그날 밤에 있을 파티에 가야 할 것 같다고 말했다. 사비나는 뛸 듯이 기뻐하며 거울 앞에서 이 옷 저 옷을 대 봤다. 준비가 끝나자 그들은 집을 나섰다.

신나는 마음으로 파티장에 도착한 사비나는 들어서자마자 기침을 했다. 그곳은 담배 피우는 사람들로 가득했다. 그녀는 멍하니 서서 방을 둘러봤다. 모든 모퉁이마다 술에 잔뜩 취해 주저앉은 사람들이 있었다. 사비나는 이 상황이 몹시 혼란스러웠다.

그녀가 속삭였다. "집에 가요, 리처드. 지금 빠져나가면 아무도 알아채지 못할 거예요."

리처드는 다소 놀란 듯이 말했다. "왜요? 파티는 이제 막 시작했는데."

밤이 깊어지면서 파티 분위기는 걷잡을 수 없어졌다. 또한 대부분의 사람은 술과 분위기에 취해 정신을 잃거나 혼미한 상태가 됐다. 그들은 누가 보든지 말든지 상관하지 않았다. 사비나의 뺨이 당혹스러움에 붉어졌다.

"리처드, 지금 나가면 안 돼요? 12시가 넘었어요."

리처드는 대답했다. "사비나 아직 시간이 너무 이르잖아요. 밤은 아주 길다구요!"

새벽 1시가 되자, 사비나는 다시 말했다. 하지만 리처드는 움직이지 않았다. 새벽 2시가 지나자, 리처드는 사비나가 파티에 완전히 질렸다는 걸 알았다. 젊은 부부는 담배 연기로 가득한 파티장을 나와 신선한 새벽 공기 속으로 들어섰다. 사비나는 리처드의 손을 잡고 말했다.

"지금 바로 목사님 댁에 가서 나에게 기독교인으로서 침례를 해 달라고 할 거예요. 그건 더러운 것을 씻어내고 목욕하는 느낌일 거예요."

리처드는 머리를 뒤로 젖히고 큰 소리로 웃었다.

"사비나, 당신은 이미 오래 기다렸어요. 그러니 아침까지도 기다릴 수 있을 거예요. 목사님도 밤에는 잠을 잘 수 있게 해 드립시다!"

다정하게 손을 잡은 젊은 부부는 새벽 공기를 마시며 집으로 함께 걸어갔다.

리처드의 손님

리처드는 자신이 처한 상황을 생각했다. '곧 나에게 질문을 하기 시작할 거야. 내가 대답할 때까지 아주 끈질기게 묻겠지.' 리처드는 조용히 고개를 숙이고 간절하게 기도했다.

"하나님, 저의 가족과 친구들을 보호해 주세요. 주님, 제가 심문에서 어떻게 해야 제 입술을 제어할 수 있을까요? 고문을 받을 때 제가 알고 있는 것들을 숨길 수 있을까요?"

그때 갑자기 어떤 생각이 번개처럼 그의 마음속에 들어왔다. 먼저, 하나님께서 성경에 '두려워하지 말라'고 366번이나 써 주셨다는 사실을 기억했다. 그리고 그를 잊지 않고 언제나 지켜보고 계신다는 사실을 깨달았다. 그는 두려운 마음을 없애 주신 하나님께 감사 기도를 드렸다.

****

감옥에서의 시간은 계속 흘렀다. 하지만 몇 시간이 지났는지, 지금이 몇 시인지 알 방법은 없었다. 차갑게 식은 저녁식사를 이미 먹은 사실을 근거로 대략 9시쯤이라고 생각할 뿐이었다. 리처드는 공산주의자들이 그의 자백을 받기 위해 무슨 짓이든 할 것을 알고 있었다.

이 작은 감방에 갇힌 지 겨우 3-4일밖에 지나지 않았지만, 심문이나 고문은 아직 없었다. 리처드는 자신에게 일어날 일을 기다리며 몹시 긴장했다. 바로 그때, 다른 쪽 복도 끝에서 어떤 소리가 들렸다. 발자국들은 복도를 따라 걸어와 그의 감방 문 근처에서 멈췄다.

문이 활짝 열리고 거친 간수들과 옷을 잘 차려입은 정부 관리 한 명이 문옆에 섰다. 그를 본 리처드는 자신의 눈을 믿을 수 없었다. 그 사람은 신문에서만 보던 법무부 장관 파트라스카누Patrascanu였다. 그는 고급 양복과 잘 다려진 셔츠를 입고,

머리는 최신 스타일로 깔끔하게 빗어 넘겼다. 놀란 눈으로 남자의 가죽 신발을 내려다본 리처드는 그제야 어떤 상황인지 알아차렸다. 남자의 신발에는 끈이 없었다. 그는 심문관이 아닌 죄수로 이곳에 온 것이었다.

****

파트라스카누는 루마니아에서 공산주의를 시작한 사람들 중 한 명이었다. 리처드는 파트라스카누 같은 공산주의자들이 어떻게 루마니아를 통치하는지 알고 있었다. 그들은 하나님을 위해 어떤 것도 하기를 원치 않았고, 루마니아에서 누구도 하나님께 예배드리는 것을 허락하지 않았다. 만약 공산주의자들의 말을 듣지 않으면 감옥에 넣어 버렸다. 그렇지만 리처드는 하나님의 말씀을 듣는 게 훨씬 더 중요한 일이라고 생각했다. 그는 자신의 신념에 따라 행동했고, 그 결과 지금 감옥에 갇혀 있다.

법무부 장관은 리처드에게 살짝 웃어 보이며 다른 쪽 침대에 앉았다. 두 죄수는 어떻게 칼레아 라호바 감옥에 오게 됐는지에 대해 이야기를 나눴다. 파트라스카누의 이야기는 안타까웠다. 그는 힘도 있고 부자인데다 루마니아 사회에서 유명한 사람임에도 불구하고 가까운 사람들에 의해 반역자가 되어 쫓겨났다. 리처드는 어떻게 이 열렬한 공산주의자에게 하나님에 대해 이야기하면 좋을지 막막했다.

****

리처드는 결국 새로운 감방 친구와 하나님에 대해 이야기를 나누는 데 성공했다. 사실 파트라스카누는 리처드에게 다른 사람에게는 할 수 없는 말을 했다. 그것은 리처드가 감옥에 있었기 때문에 얻은 기회였다. 파트라스카누는 리처드에게 왜 처음에 공산당에 가입했는지 말해 줬다.

"당신도 알다시피, 내 아버지는 제1차 세계대전에서 독일의 편에 서서 우리의 삶을 어렵게 만들었소. 연합군이 전쟁에서 이겼을 때, 우리는 불명예를 얻었고 심지어 나는 독일로 교육을 받으러 가야 했소."

"그런데 왜 공산주의를 따르게 됐습니까?" 리처드가 물었다.

"독일에서 돌아온 나를 원하던 유일한 사람들이 공산주의자들이었기 때문이오." 파트라스카누는 지난 일을 떠올리며 씁쓸해했다. 그리고 세계와 기독교파의 대립에 유감을 표했다.

"내가 알고 싶은 것이 한 가지 있소, 범브란트. 당신은 왜 위선적인 행동을 고집하는 거요? 당신들의 교회를 한 번 보시오. 세상과 다를 바 없이 악한 죄가 교회에서 일어나지 않소? 당신들의 종교 집단은 오류로 가득 차 있소. 이런 문제에 대해 심각하게 생각해 본 적 있소?"

리처드는 대답하는 데 시간이 걸렸지만 확신에 찬 목소리로 말했다. "나의 친구여, 당신은 결과만 본 게 분명합니다. 지난 몇 년 동안 교회에 먹칠하는 많은 일이 있었습니다. 하지만 교회가 전 세계에 사랑과 관심을 쏟은 것도 사실입니다."

리처드는 미소를 지었고 파트라스카누는 얼굴을 찌푸렸다.

"그중에 가장 좋은 것은, 예수님이 우리의 지도자라는 사실입니다. 그분은 모든 것보다 깨끗하고 선하고 거룩하시지요. 이제 공산주의와 비교해 봅시다."

파트라스카누는 썩 내키지 않아 했다. 하지만 리처드는 그를 강하게 밀어붙일 생각이었다.

"첫 번째 공산주의자인 마르크스는 술고래였소. 레닌의 아내도 그가 도박꾼이라고 인정했소. 심지어 스탈린은 자신의 아내를 죽였소. 이런 자들이 주장했던 공산주의는 수백만의 죄 없는 희생자를 죽음으로 내몰았고, 여러 나라를 파산시켰소. 그리고 현재 루마니아는 증오와 두려움 속에 살고 있소. 공산주의의 좋은 면을 말해 보시오."

파트라스카누는 뾰로통했던 표정을 거두었다. 리처드는 논점에 불을 붙여 계속 이야기했다. "파트라스카누 씨, 당신은 사람들을 이용하고 버렸죠. 이제 당신 차례입니다. 당신의 친구들이 당신을 이용하고 쓰레기처럼 내다 버렸어요."

파트라스카누는 리처드에게 화를 내며 말했다. "나를 따르는 자들이 있소. 동지라 부르는 이들이 나를 구하러 올 것이오."

하지만 그의 동지들 중 누구도 그를 구하지 않았다.

 수많은 질문

파트라스카누는 자면서 중얼중얼 잠꼬대를 했다. 그의 꿈은 즐거운 꿈이 아니었다. 그가 감옥에 가둔 사람들의 얼굴이 밤새 그를 쫓아다녔다.

리처드는 악몽에 시달리는 그를 바라보며 생각했다. '나는 다른 사람들이 잠들어 있을 때 종종 홀로 깨어 있다. 이 시간이 하나님과 조용하게 단둘이 만나는 시간이다. 나는 비록 철창 안에 갇혀 있지만 안정감을 느낀다.'

감방 안에는 시계가 없지만 리처드는 창문을 통해서 대략적인 시간을 가늠할 수 있었다. 창문은 바깥세상과 연결된 단 하나의 통로였다.

마침 반짝이는 하얀 별이 감방 안을 비췄다. 조용한 적막 가운데 누워 있는 리처드에게 그것은 마치 희망의 빛 같았다. 그리고 성경 구절 하나가 떠올랐다.

"주께서 생명의 길을 내게 보이시리니 주의 앞에는 충만한 기쁨이 있고 주의 오른쪽에는 영원한 즐거움이 있나이다" 시편 16:11.

그런데 그때 갑자기 문이 열리며 날카롭게 울리는 소리가 들렸다. 그리고 누워 있던 리처드의 머리에 자루가 씌워졌다. 그 상태로 리처드는 감옥 밖 어디론가 이동했다. 얼마 뒤, 자루가 벗겨지고, 누군가 큰 소리로 말했다.

"죄수! 당신은 우리에게 모든 것을 말해야 한다. 듣고 있나? 책상 서랍 안에 종이와 펜이 있다. 모조리 다 적어!"

리처드는 이 글을 누가 읽을지 궁금했다. 그리고 생각했다. '당 관리들이 읽겠지. 대부분 하나님을 안 믿는 사람들일 거야. 예수님에 대해 이야기할 수 있는 좋은 기회야!' 그는 펜을 들어 1시간 동안 여러 장을 써 내려갔다. 진술서 작성을 마친 후, 다시 자루가 씌워지고 감방으로 인도됐다. 오늘 밤은 단지 시작에 불과했다. 앞으로 어떤 일이 그에게 일어날지 알 수 없었다.

****

이틀 후 아침 11시, 리처드는 심문을 받았다. 질문들, 진술서 쓰기, 다른 질문들이 이어졌다. 새벽 2시 30분에 다음 심문이 있었다. 질문들, 진술서 쓰기, 또 다른 질문들이 이어졌다. 오후 3시 30분에 리처드는 한 번 더 심문을 받았다. 쓰고, 쓰고, 또 썼다. 질문에 질문이 꼬리를 물었고, 심문은 끝이 없었다. 심문하기에 부적합한 시간은 없었다. 모든 시간이 적합했다.

****

리처드는 그의 침대에 털썩 누우며 한숨을 쉬었다. 그는 몹시 지쳐 있었다.

그런 그를 지켜보던 파트라스카누가 중얼거렸다. "난 줄곧 기도를 해 왔소, 하지만 이제 포기했소."

리처드가 이유를 묻자 그가 대답했다. "당신의 예수는 너무 많은 걸 요구하오. 특히 당신이 젊을 때 말이오."

리처드가 부드럽게 고개를 흔들며 대답했다.

"예수님께서 우리에게 믿음을 요구하실 때, 우리가 그분께 믿음을 달라고 하면 예수님은 반드시 우리에게 주십니다. 그러니까 그분이 우리에게 원하는 게 무엇이든 우리에게 주실 것이고 우리는 결과적으로 더 나은 사람이 될 겁니다."

파트라스카누는 미소를 지었지만 아무 말도 하지 않았다. 다음 날 아침 간수가 와서 파트라스카누를 데리고 가 버렸다. 리처드는 그를 다시는 볼 수 없었다.

"다시 혼자군…." 리처드는 중얼거렸다.
"하지만 혼자가 아니야…." 리처드는 다시 기도를 시작했다.

 ## 죽음과 우울함

리처드는 파트라스카누가 그리웠다. 그 사이 조사관 바실루 Vasilu가 범브란트의 사건을 넘겨받음에 따라 그에게 잠깐 동안 숨을 돌릴 시간이 주어졌다. 마침내 바실루가 리처드를 심문하러 왔다. 그는 공식 도장이 찍힌 정부 전용지에 인쇄된 질문 목록을 들고 있었다. 리처드는 펜을 꽉 쥐었다.

"첫 번째 질문은, 아는 사람이 누구야?"

리처드는 펜을 쥔 채로 머뭇거렸다.

"머리 굴리지 마!" 바실루가 재촉했다. "그냥 써. 네가 아는 모든 사람들, 어디서 만났는지, 함께 무엇을 했는지, 어떤 관계인지, 얼마나 알고 지냈는지, 뭐 하는 사람들인지 모두 다!"

리처드는 종이에 무엇인가를 쓰기 시작했다. 그의 생각이 빠르게 돌아갔다. '비밀경찰들이 이미 나와 관련이 있다고 알고 있는 사람들이 있어. 교회 사람들과 나를 돕는 사람들은 내가 더 이상 보호할 수 없어. 하나님만이 하실 수 있어.' 리처드는 그 사람들의 이름을 적었다. '의회의 공산주의 회원 중에 아는 사람이 몇 있어. 그들의 이름을 적자. 나에게 도움이 될지 누가 알겠어?' 리처드는 그 사람들의 이름도 적었다. '아! 정보원들, 그들의 이름도 적자.' 리처드는 그들의 이름 역시 적었다.

바실루가 다가와 종이를 낚아채 갔다.

"두 번째 질문은, 정부에 대항해서 무슨 일을 저질렀는지 써. 공산주의에 반하는 네가 저지른 죄 모두 말이야!"

"제 혐의가 무엇인가요?" 리처드가 물었다.

바실루는 책상을 내리치며 말했다. "네가 무슨 잘못을 저질렀는지 알잖아! 다 털어놔! 쓰고, 또 쓰고, 계속해서 써!"

리처드는 다시 한 번 펜을 들어서 쓰기 시작했다. 바실루는 죄수를 지킬 젊은 보좌관만 남겨 놓고 담배를 피우러 밖으로 나갔다. 리처드는 계속해서 썼다. 몇 분이 지난 후에 그는 자신의 어깨에 손이 올려진 느낌을 받았다. 깜짝 놀라 주위를 둘러봤을 때 보좌관이 서 있었고, 그는 두려움에 휩싸였다.

"당신이 꼭 알아야 할 정보가 몇 가지 있소."

보좌관은 가방에서 두꺼운 갈색 파일을 꺼내 리처드에게 보여 줬다. 그 안에는 진술서, 질문지 등과 같은 서류 뭉치가 들어 있었다. 그중에는 놀랍게도 친구나 이웃 등 리처드가 믿었던 사람들이 그에 대해 불리하게 쓴 진술서들이 있었다.

다시 감방으로 돌아온 리처드는 사람들의 진술서에 대해 생각했다. '그 사람들은 서명을 하도록 강요당했을 거야.' 그렇게 생각하자 리처드는 두려움에 몸이 떨려왔다.

✱✱✱✱

끝없는 심문과 고문 속에 길고 무의미한 날들이 천천히 지나갔다. 어느 날 아침 감옥 관계자가 수감자들의 머리를 짧게 깎기 위해 이발사를 불렀다. 이발사의 면도기가 리처드의 턱에 난 들쑥날쑥한 수염을 능숙하게 잘랐다. 이윽고 아무도 주의를 기울이지 않는 것을 확인한 이발사는 조용히 속삭였다.

"사비나는 잘 지내고 있고, 당신 일을 계속하고 있어요."

리처드는 작게 속삭였다. "할렐루야!"

그의 아내는 잘 있었고, 하나뿐인 아들 미하이Mihai도 잘 지내고 있었다. 하나님께서 그들을 돌봐 주고 계셨다.

✱✱✱✱

하지만 날이 갈수록 리처드는 다른 종류의 공격을 받기 시작했다. 앞으로 일어날 일에 대해 생각하는 시간이 길어지면서 리처드의 마음속에 우울함이 점점 커졌기 때문이다.

"고문을 당하면 죽을 것 같다는 생각이 들까? 죽으면 예수님께로 갈 것은 알고 있지만, 그 고통은 도저히 상상할 수도 없어. 오! 주여, 어떻게 해야 할지 모르겠어요. 전 알고 있는 게 너무 많아서 많은 사람을 해칠 수도 있어요."

그의 몸이 떨렸다. 떨림을 막기 위해 팔을 둘러싸 몸을 껴안은 채 절실하게 헤어날 길을 찾았다.

"그래. 스스로 죽음을 선택하자. 나는 그리스도인이니까 죽으면 예수님 곁으로 갈 거야. 그러면 아무도 다치지 않겠지."

리처드는 결정을 내렸다. 그리고 계획을 실행에 옮겼다. 이후 감옥 의사가 회진을 왔을 때, 리처드는 준비한 말을 했다.

"선생님, 밤에 잠을 잘 수가 없어요. 이 상태로라면 저는 심문을 받을 수 없을 거예요. 어떻게 도와줄 방법이 없나요?"

의사는 리처드의 예상대로, 매일 밤 간수가 지켜보는 가운데 수면제를 먹도록 처방했다. 앞으로 매일 밤 간수가 수면제를 갖고 올 것이다. 리처드는 약을 삼키는 척만 하고 나중에 다시 뱉어서 파트라스카누의 판자 침대 밑에 숨겼다. 모아둔 약은 점차 늘어갔고 리처드는 충실히 계획을 실행에 옮겼다.

가끔씩 고문에 대한 두려움이 감당할 수 없을 만큼 밀려왔지만, 리처드는 모아 둔 수면제를 생각하며 마음을 안정시켰다. 그 약들은 그의 탈출구이자 최후의 수단이었다. 그렇게 시간이 흘러 여름이 찾아왔다.

어느 날 문득 리처드는 자신의 삶이 이 감옥에서 끝날지도 모른다는 우울한 생각에 사로잡혔다.

"하나님, 도대체 이유가 뭐죠? 밖에서 만났던 소녀의 노래가 머릿속에 맴돌아요. 전차가 사람들을 일터로 실어 나르던 모습도 떠올라요. 모퉁이를 돌며 삐걱대는 소리가 들리는 것 같아요. 하나님, 당신은 무엇을 하고 계시는 거죠? 당신께 헌신했던 제 삶이 끝나 버릴 위기에 놓였어요."

그날 밤, 리처드는 칠흑같이 어두운 하늘을 바라봤다. 그리

고 조용히 속삭이듯 기도했다.

"첫 별이 막 모습을 드러내고 있어요. 너무나 아름다워요. 저 별을 만드시고, 저를 위로하시려고 수억만 광년을 지나 감옥 안을 비추게 하시니 감사합니다. 하지만 저는 이제 어떻게 해야 할지 모르겠어요. 이대로 죽고 싶지 않아요."

다음 날 아침, 리처드는 간수가 그의 감방에 들락거리는 소리에 잠에서 깼다. 간수는 파트라스카누의 판자 침대를 가지고 나가 버렸다. 동시에 리처드가 모아둔 약들이 모두 사라져 버렸다.
리처드는 당황했지만, 그것은 그의 기도에 대한 응답이었다. 그는 고개를 뒤로 젖히며 큰 소리로 웃었다. 그리고 다짐했다.

"하나님은 내가 죽는 걸 원치 않으셔. 하나님은 내 앞에 어떤 일이 기다리고 있든지 내가 살아 있기를 원하셔. 하나님께서 힘을 주실 거야. 무슨 일이 있어도 이겨 내자."

그러나 '무슨 일'은 그리 멀리 있지 않았다.

고문

둘게루Dulgheru 대령이 말했다.

"넌 그동안 우릴 갖고 장난쳤어! 지금까지는 너무 쉬웠겠지만 상황이 바뀔 거야! 그럼, 그렇고 말고! 이봐 죄수, 이제는 결과를 낼 때야! 내가 아주 오랫동안 기다려왔던 결과 말이야."

둘게루의 목소리가 등골을 오싹하게 만들었다. 그의 눈은 리처드를 향하고 있었다. 날카롭고 냉혹한 공산당원 둘게루의 명성은 리처드를 공포에 떨게 했다. 그는 언제나 원하는 결과를 얻어내는 무서운 사람이었기 때문이다.

둘게루의 입에서 질문들이 총알처럼 쏟아져 나왔다. 그의 집요하고 끈질긴 질문과 명령이 리처드를 꼼짝 못 하게 만들었다.

어느 날 저녁, 리처드는 심문을 받고 다시 감방으로 돌아왔다. 그런데 방에는 침대가 없어지고 오래되서 흔들리는 낡은 의자가 놓여 있었다. 리처드는 불편한 자세를 조금씩 바꾸면서 잠을 자려고 노력했다. 겨우 잠에 빠져들었을 때 감시 구멍에서 달그락 소리가 났다. 리처드는 화들짝 놀라 일어났다가 간수가 확인하러 온 것을 알고 다시 잠들었다.

2분 후, 감시 구멍이 다시 열렸다가 닫혔다. 리처드는 눈을 감고 다시 잠들려고 노력했다. 2분이 지나고 또 다른 눈 한 쌍이 방을 살폈다. 그렇게 2분마다 같은 일이 반복됐다. 해 질 녘부터 새벽까지 간수들은 리처드를 가만히 내버려 두지 않았다. 그들은 리처드를 계속 깨어 있는 상태로 만들 계획이었다.

이때 어디선가 아름답고 잔잔한 음악 소리가 들렸다. 리처드는 혼란스럽고 피곤한 가운데 다시 눈을 떴다. 그런데 갑자기 조용한 음악 소리가 불길하고 뒤틀린 소리로 바뀌었다. 한 여자의 흐느낌과 비명 소리가 공기를 갈랐다. 비명 소리는 갈

수록 더 크게 들렸다. 리처드는 공포에 사로잡혔다. 채찍이 "탁" 소리를 내며 누군가를 내리쳤다.

"안 돼! 사비나를 놔 줘! 해치지 마! 그녀를 내버려 둬! 내 아내를 내버려 두라고!"

흐느낌과 비명 소리는 곧 희미하게 잦아들었다. 다행히 그 목소리는 사비나가 아니었다. 그리고 침묵이 흘렀다. 감옥 전체가 고통으로 가득 찼다. 모든 남자에게 그 소리는 그들의 아내, 연인, 딸의 비명으로 들렸던 것이다. 모두가 사랑하는 사람의 고문에 대한 고통으로 잠에서 깼다.

"안 돼, 내 연인은 안 돼. 그녀를 내버려 둬!"
"내 아내, 저들이 내 아내를 괴롭히고 있어!"
"리사, 내 귀여운 딸. 저들이 내 딸을 죽이고 있어!"

외침들이 각 감방에서 들려왔다. 녹음된 테이프와 몇 개의 마이크를 통한 집단 고문이었다. 리처드는 온몸이 떨리고 땀에 흠뻑 젖은 채 녹초가 되어 차가운 돌바닥에 쓰러졌다. 하지만 그는 감시 구멍이 열리고 감방 안을 살펴보는 또 다른 눈 한 쌍 때문에 고작 1분 정도밖에 자지 못했다.

****

 이 모진 고문의 이름은 수면 박탈sleep deprivation이었다. 사람이 잠을 못 잔 상태에서 계속 몸을 움직이면, 체력적·정신적으로 엄청난 고통을 느끼게 된다. 그래서 사람들은 수면 박탈 고문을 가장 괴로운 고문 중 하나라고 말한다. 이런 고문은 이후에도 계속됐다.

 잠을 잘 수 없던 또 다른 날 밤이었다. 둘게루가 악몽처럼 리처드 앞에 나타났다.

 "내가 오늘 밤에라도 당장 너를 사형에 처할 수 있다는 사실을 알고 있나? 너는 당장 내일이라도 죽어서 땅에 묻힐 수 있어. 너는 죽은 목숨이야."

 리처드는 고개를 돌려 둘게루를 쳐다봤다. 리처드가 말을 할지 입을 다물지를 선택해야 하는 또 한 번의 순간이었다. 리처드는 자신이 할 수 있는 최선을 다했다.

"대령님, 당신은 지금 실험할 기회를 가졌습니다. 당신은 나를 죽일 수 있다고 말했죠. 나도 당신이 그럴 수 있다는 것을 압니다. 당신의 손을 내 심장 위에 대 봐요. 만약 내 심장이 빨리 뛰고 있다면 그건 내가 지금 두려워하고 있다는 뜻이겠죠. 그렇다면 당신도 알다시피 하나님은 존재하지 않으시고 영원한 삶도 없는 거예요. 하지만 내 심장이 편하게 뛰고 있다면 그건 '단 하나의 사랑을 위해 살겠다'라는 뜻이고, 그때는 당신이 다시 생각해야 할 겁니다. 하나님은 살아 계십니다. 그리고 영원한 삶도 존재합니다!"

둘게루는 화가 머리끝까지 나 얼굴이 붉으락푸르락해졌다. 그리고 리처드의 얼굴을 힘껏 내리쳤다. 그는 감방을 떠나면서 이렇게 중얼거렸다.

"내일 너는 브린자루Brinzaru 동지(공산국가에서 존경의 의미로 사람 이름 아래에 쓰고 있어요.-편집자 주)를 만나게 될 거다."

브린자루는 고문관 중 가장 악명 높은 사람이었다. 모두가 그의 방으로 가는 것을 두려워했다. 그의 방에는 그가 고문할 때 사용하는 곤봉, 채찍, 몽둥이 등이 있었다. 브린자루는 그곳에서 짐승 같은 힘으로 각 도구를 잡아 죄수들의 등, 허벅지, 어깨 위를 잔인하게 내리치곤 했다. 이 예고된 만남은 리처드의 피를 마르게 만들었다. 리처드는 두려움 속에서도 다음의 말씀을 기억해 냈다.

"내가 사망의 음침한 골짜기로 다닐지라도 해를 두려워하지 않을 것은 주께서 나와 함께 하심이라 주의 지팡이와 막대기가 나를 안위하시나이다" 시편 23:4.

브린자루와의 첫 번째 만남은 짧고 강렬했다. 그는 고문 도구들을 가지런히 정리해서 리처드에게 잘 보이도록 탁자 위에 올려놓았다. 마치 상인이나 다른 사람들에게 상품을 보여 주는 것 같았다. 브린자루는 채찍이나 몽둥이를 들어 올릴 때마다 위협적으로 웃었다.

다음 날 리처드는 다시 브린자루의 방으로 끌려갔다.

"벽을 보고 똑바로 서. 두 손을 머리 위에 올려. 계속 그렇게 있어."

몇 시간 동안 리처드는 같은 자세로 서 있었다. 그의 양팔은 감각을 잃었고, 두 다리는 후들후들 떨렸다. 곧 발목이 붓기 시작했고 마침내 리처드는 쓰러졌다. 그의 머리는 계속하라고 외쳤지만 몸이 말을 듣지 않았다. 간수 하나가 급히 달려와 한 모금의 물과 작은 빵 한 조각을 줬다. 리처드는 그것들을 순식간에 먹어치웠다.

"물을 좀 더 주세요, 제발." 하지만 그들은 주지 않았다.

리처드는 다시 같은 자세로 세워졌다. 2-3시간이 지나고 간수가 다른 사람으로 교대됐다. 하지만 죄수는 그대로였다. 리처드에게는 교대란 없었다. 그는 선 채로 벽을 계속해서 바라봤다.

리처드는 큰 도시들을 둘러싸고 있는 강한 벽들과 왕과 왕비를 둘러싸고 있는 위대한 벽들에 대해 생각했다. 바로 하나님께서 이 벽과 같이 그를 둘러싸고 보호해 주셨다. 고통이 심

할 때도 리처드는 그를 돕는 벽에 대해 생각했다.

  리처드는 하나님께서 벽 뒤에서 지켜보고 계심을 기억하며 성경 구절을 되뇌고 또 되뇌었다. 단지 몇 개의 단어에 평안과 위로가 있었다. 리처드는 하나님께서 벽 뒤에 계시면서 자신이 고통받는 중에도 주님의 사람이 승리하도록 돕고 계심을 믿었다. 마치 모세가 두 손을 높이 들고 있는 동안 승리했던 것처럼출애굽기 17:8-13, 자신도 하나님의 승리를 위해 서 있다는 사실을 깨달았다.

  그리고 이렇게 기도했다. "주님, 저에게 승리를 주세요."

  갑자기 상황이 바뀌었다. 가만히 서 있지 말고 걸어 다니라는 지시를 받았다. 리처드는 발을 내딛으려고 노력했지만 그의 발은 너무 부어 있었다. 간수가 계속해서 그를 지켜봤다. 이따금 큰 소리로 지시를 내리기도 했다.

  "더 빨리 돌아. 더 빨리! 이번에는 다른 방향으로 돌아, 멍청아!"

몇 시간이 흘렀다. 리처드는 물과 먹을 것이 절실하게 필요했다. 아무것도 먹지 못해 굶주린 상태가 되면서 탈수증세가 보이기 시작했다. 그는 그렇게 끝이 없는 소용돌이 속을 돌며 몇 날 며칠 밤을 보냈다.

방안을 끊임없이 돌던 리처드의 몸처럼 그의 마음까지 빙빙 돌기 시작했다. 하지만 그는 흐려지는 의식 속에서도 하나님께 드리는 기도를 놓지 않았다. 그리고 자신을 감시하는 간수들을 위한 기도도 잊지 않았다.

"나의 사랑하는 주여, 제가 모든 사람을 끌어안을 수 있도록 도와주세요. 이것이 당신을 위한 고통이라면 가능한 한 은혜롭게 감당하겠습니다."

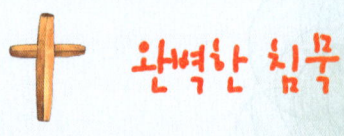

완벽한 침묵

잠을 제대로 자지 못한 채로 한 달이 흘렀다. 동물원의 동물들도 그보다는 나은 대접을 받을 것이 분명했다.

리처드는 또다시 고문 방으로 갔다. 그는 쇠막대기 여러 개에 나뉘어 묶인 채 천장에 매달렸다. 그리고 그의 발바닥, 어깨 등 부드럽고 예민한 모든 곳이 채찍질 당했다. 리처드가 고통을 이기지 못하고 기절하면, 고문관이 얼음처럼 차가운 물을 끼얹어 그를 깨웠다.

"우리가 원하는 이름을 대! 누구랑 같이 일했어? 말하면 멈추겠다."

리처드가 입을 열지 않자 간수들은 리처드를 바닥에 내려놓은 뒤 그의 목에 칼을 들이댔다. 칼은 그의 살갗을 베었다. 리처드가 다시 기절했다 깨어났을 때, 그의 가슴은 피로 뒤덮여 있었다. 리처드가 깨어나자 간수들은 그의 목구멍으로 물을 들이부은 다음 물이 꽉 찬 배를 짓밟고 때렸다.

끝내 리처드는 그들이 요구한 자백서에 사인했다. 고문관은 더 많은 이름을 요구했다. 리처드의 친구, 아는 사람들, 신앙의 동지들 등 그와 관련된 모든 사람의 이름을 대라고 했다. 리처드는 이름이 빼곡히 적힌 명단을 넘겼다. 관계자는 기뻐하며 그를 감방으로 돌려보냈다. 하지만 그 명단은 자세히 살펴봤을 때 썩 훌륭한 정보가 아니었다.

"이 사람은 죽은 사람이잖아. 다음 사람도 미국 감옥에 있고, 이 사람도 6주 전에 폐렴으로 죽었어."

명단에 적힌 이름들은 계속 이런 식이었다. 이것은 리처드가 할 수 있는 작은 반항이었다. 이런 엉터리 명단을 그들이 확인하는 동안 리처드는 잠시나마 쉴 시간을 얻을 수 있었다.

✲✲✲✲

모든 고문에는 의사가 참석했다. 죄수가 기절하면 의사는 그를 깨웠고, 다시 고문이 시작됐다. 어떤 죄수도 죽음의 세계로 도망치는 것이 허락되지 않았다. 리처드는 이 모든 과정이 영원히 끝나지 않는 형벌을 당하는 것처럼 괴로웠다.

"왜 그냥 우리가 원하는 것을 말하고 항복하지 않는 거지? 네가 완전히 망가지는 데는 그리 오랜 시간이 걸리지 않을 거다! 우리를 돕기만 하면 너는 여기서 자유로워질 수 있다고!"

리처드는 그들의 협박에도 전혀 흔들리지 않았다. 그리고 생각했다. '나의 몸은 내 영혼이 잠시 머물다 가는 곳이야. 공산주의자들은 사람이 죽음을 피하기 위해서 무엇이든 할 거라고 생각하지만 나는 달라. 죽음은 내 삶의 끝이 아니라 완성이니까.'

✲✲✲✲

10월이 되어 계절이 바뀌었다. 리처드는 뼛속까지 스며드는 찬바람에 몸을 떨었다. 감옥에 갇힌 지 7개월이 지났다.

추위에 떨던 리처드는 어느 날 내무부 건물 지하에 있는 감방으로 옮겨졌다. 그곳은 깊은 지하에 있는 휑하고 추운 새로운 감방이었다. 그는 감방 안을 천천히 살펴봤다.

"양동이가 없어…."

오랜 감옥 생활을 한 탓에 리처드는 이 상황이 무엇을 뜻하는지 알 수 있었다. 그것은 첫째로 화장실을 가기 위해서 간수들에게 부탁해야 한다는 뜻이었고, 둘째로 그들이 그 부탁을 쉽게 들어주지 않을 것이라는 뜻이었다.

그래서 양동이가 없는 감옥에 수감된 사람들은 화장실을 갈 때까지 참을 수밖에 없었다. 간수들은 더 이상 참을 수 없을 지경에 이른 죄수들을 찌르며 재밌어하기도 했다. 모든 것이 죄수들로 하여금 스스로 가치 없는 사람처럼 느끼게 만들어 위축되도록 했다. 리처드 또한 이 같은 일을 겪어야만 했다.

어느덧 2년의 세월이 흘렀다. 리처드는 외부 사람과의 접촉이나 동료 죄수들과의 소통 없이 줄곧 방 안에 갇혀 있었다. 그곳은 방음벽으로 이뤄져 있어서 바깥에서 나는 소리도 전혀 들을 수 없었다.

"여긴 아무 소리도 들리지 않아. 땅에 떨어지는 빗소리나 바람에 흔들리는 나뭇잎 소리가 너무 그리워."

뿐만 아니었다. 리처드에게는 읽을 것도, 적을 수 있는 도구도 없었다. 오직 생각만 할 수 있었다. 그는 완벽한 침묵 속에 있었다. 하지만 그는 자신의 상황을 인정하고 중요한 것을 깨달았다.

'사실, 내 영혼이 조용했던 적은 거의 없었어. 그리고 지금 나에게는 읽을 것도, 적을 것도, 들리는 것도 없어. 이제 나에게 남은 것은 뭘까? 내 곁에는 하나님이 계시지!'

그렇지만 리처드는 이에 대해 큰 의심을 품기 시작했다.

'내 곁에 하나님이 계신다고 어떻게 말할 수 있지? 나는 정말 하나님을 믿고 있나? 하나님은 지금 내게 고통만 주시잖아. 그래도 나는 여전히 그분을 사랑하나?'

리처드는 감방 안을 서성이면서 자신의 의심과 싸웠다. 그리고 기도와 찬양을 하며 시간을 보냈다. 마침내 그는 큰 소리로 이야기했다.

"이건 만들어 낸 이야기가 아니야. 내가 겪고 있는 일이야. 지금 하나님은 내 곁에 계셔! 나는 하나님을 믿어! 하나님을 사랑해!"

감옥에 갇혀 모든 것을 빼앗겼지만, 리처드는 하나님께서 자신을 사랑하시기에 이런 고난을 주셨고 이기게 해 주실 것임을 믿기 시작했다. 그는 지금까지보다 더욱더 하나님을 사랑한다는 사실을 고백했다.

춤추고 뛰며 하나님을 찬양

새로운 감방으로 옮겨진 뒤 리처드는 깊은 고민에 빠졌다.

"이대로 시간이 흐르면 나는 말하는 것도 생각하는 것도 잊어버릴 거야."

더 이상 이렇게 무의미한 생활을 계속하면 안 될 것 같았다. 그는 자신의 몸과 생각을 쉬지 않고 움직여야 했다. 그러기 위해서는 자신만의 규칙적인 일과를 만들 필요가 있었다.

리처드는 밤 10시에 잘 시간을 알리는 종이 울리면, 생각을 재정비하기 위해 자세를 잡고 기도를 시작했다. 하나님은 언제든지 리처드의 기도를 들으실 수 있지만, 그에게는 밤이 더 좋았다. 대부분의 간수가 잠을 자기 때문에 아무런 방해를 받지 않고 기도할 수 있었기 때문이다.

기도를 마친 후에 리처드는 설교를 했다. 자기 앞에 사람들이 있다고 상상하며 일어서서 설교했다. 설교를 하며 이런 자유를 느낀 적은 단 한 번도 없었다. 그는 더 이상 사람들이 어떻게 생각할지 걱정할 필요가 없었다. 리처드는 마음속에서 우러나오는 내용을 설교했다.

하지만 그저 공중에 대고 설교하는 것이 아니었다. 리처드는 매 설교마다 하나님께서 듣고 계시다는 것을 느낄 수 있었다. 또한 설교할 때 천사, 친구, 가족 같은 다른 존재들도 느낄 수 있었다. 매우 놀라운 경험이었다. 비록 실제로 볼 수는 없었지만, 분명히 사람들에게 둘러싸여 있는 기분이었다.

몇 년이 지난 후에 리처드는 이 설교를 들었다는 사람들을 만날 수 있었다. 캐나다 감옥에 있던 젊은 범죄자는 리처드가 루마니아의 감방 안에서 설교하는 것을 환상 중에 봤다. 리처드의 설교를 본 후, 그는 죄를 뉘우치고 복음을 믿게 됐다. 영국 여자 한 명과 프랑스 남자 한 명도 리처드의 설교를 듣고 하나님을 믿게 됐다. 같은 감방에 있지 않았고, 같은 나라에 있지 않았지만, 모두 같은 설교를 듣고 하나님을 믿게 됐다.

✵✵✵✵

감방 문이 열리고 간수가 말없이 마른 빵 접시를 바닥에 내려놓았다. 리처드는 "기뻐하고 즐거워하라"마태복음 5:12는 말씀을 떠올리며 마른 빵을 감사히 먹었다. 그리고 "그 날에 기뻐하고 뛰놀라"누가복음 6:23는 말씀에 순종하여 뛰기 시작했다. 그는 감방 안을 껑충껑충 뛰며 돌았다. 말처럼 뛰며 하나님을 찬양하자 감방 안에는 새로운 삶이 펼쳐졌다. 순식간에 감방이 소란스러워졌다. 그러자 간수가 와서 감시 구멍으로 감방을 들여다봤다.

"여기 좀 도와줘. 죄수가 미쳤어. 음식을 못 먹어서 발작을 일으키나 봐. 뭔가 대책을 세우는 게 좋겠어."

잠시 후 간수가 다시 와서 여분의 음식을 주고 갔다. 그동안 볼 수 없었던 신선한 빵, 치즈, 설탕이었다. 음식을 입에 넣으며 리처드는 성경 구절의 나머지 부분을 기억해 냈다.

"그 날에 기뻐하고 뛰놀라 하늘에서 너희 상이 큼이라" 누가복음 6:23.

****

"똑똑똑."

리처드는 소리에 집중하며 귀를 기울였다.

"똑똑똑."

벽 건너편에서 들리는 소리 같았다. 리처드는 손을 올려 두드리는 소리에 답을 했다.

"똑똑똑."

얼마 지나지 않아 리처드는 건너편 감방의 죄수가 그에게 암호를 보내고 있다는 것을 깨달았다. A=1번 두드림, B=2번 두드림, C=3번 두드림 같은 법칙으로 이야기가 계속됐다. 더 긴 대화를 위해 리처드의 친구는 그에게 모스 부호를 가르

처 줬다.

어느 날 밤, 리처드는 그의 친구에게 물었다. "당신은 기독교인입니까?" 긴 정적 끝에 대답이 전해졌다. "그렇다고 대답하긴 힘들군요." 남자는 그날 밤 내내 자신의 이야기를 들려줬다.

"내 죄를 고백하고 싶습니다. 제발 들어주세요. 나는 예수님을 믿지 않는 사람과 결혼했어요. 그게 나를 예수님과 멀어지게 만들었어요."

리처드는 새로 사귄 친구에게 예수님을 전했다.

"예수님께서 당신을 사랑하신다는 것은 알고 계시죠? 그분은 당신의 죄를 위해 십자가에 달려 돌아가셨어요. 그분께로 돌아가세요. 예수님만이 당신이 필요한 전부입니다. 당신은 깨끗하고 새롭게 다시 시작할 수 있어요!"

며칠 뒤, 리처드는 여느 때처럼 친구에게 신호를 보내고 있었다. 그때 리처드 뒤로 간수가 몰래 다가왔다.

"아하! 여기 뭘 하고 있었나 보라고! 다른 죄수들과 이야기 하는 것은 금지다."

리처드는 다른 감방으로 옮겨졌다. 그는 간수가 나가자마자 벽으로 다가갔다.

"똑똑똑."

리처드는 벽을 두드려 새로운 친구와 이야기를 시작했다.

****

리처드는 하품을 했다. 기도와 찬양으로 밤을 보낸 후 맞는 아침이었다. 피곤한 리처드는 잠시 잠을 자기 위해 누웠다.

"똑똑똑."

건너편 방에서 메시지를 보냈다. 몇 번의 메시지가 오간 후에 리처드는 그날이 종려주일이란 것을 알게 됐다. 부활절이 다가오고 있었다. 리처드는 하나님께 찬양을 드리며 이 기쁨을 어떻게 퍼뜨릴 수 있을지 고민했다.

그러던 중 화장실에 갔을 때 구석에 떨어진 못을 발견하고, 간수 몰래 옷소매 안으로 못을 숨겼다. 리처드는 어떻게 이 작은 못으로 하나님의 사랑과 기쁨을 전할 수 있을지 고민했다. 그때 좋은 생각이 떠올랐다. 그리고 벽에 '예수님'JESUS이라는 글자를 새겼다. 이제 누가 이곳에 오든지 예수님의 이름을 보고 힘을 얻을 것이다. 곧 순찰 시간이었다. 간수 중 한 명이 벽에 새겨진 글자를 발견하는 것은 시간 문제였다. 아니나 다를까 예수님의 이름을 본 간수는 노발대발했다.

"너는 독방행이야!"

리처드는 그 말의 의미를 너무나 잘 알고 있었다. 독방은 사람을 가두는 길고 좁은 상자로, 상자의 모든 면에 뾰족한 못이 박혀 있었다. 이 뾰족한 못은 그 안에 들어간 사람의 몸을 찔렀다. 만약 등이 못에 찔리는 것을 피하려고 몸을 앞으로 기울이면 몸 앞쪽이 못에 찔렸다.

독방에 들어간 리처드는 신음했다. 리처드의 발은 이전에 받은 고문으로 완전히 회복되지 않은 상태였고 발목도 조금씩 부어올랐다. 얼마 지나지 않아 리처드는 못과의 싸움에서 지고 말았다. 못들이 살갗을 뚫고 들어왔고, 그의 피부는 찢겨 피가 흘렀다. 리처드는 고통을 이기지 못하고 기절했다. 간수가 그를 상자에서 꺼내 바닥에 내버려 뒀다.

한참 뒤, 리처드가 천천히 눈을 뜨자 간수들은 그를 다시 고문 상자에 넣었다. 리처드는 계속해서 예수님이 당하신 고난을 생각하려고 애썼다.

'예수님께서 나를 보호해 주실 거야. 예수님, 사랑합니다. 예수님, 내 영혼의 동반자, 당신을 사랑합니다.' 곧 그의 기도가 평안과 위로를 안겨 줬다. 그렇게 꼬박 이틀이 지났다.

✱✱✱✱

의사가 와서 리처드를 살펴보고 진단을 내렸다.

"이 죄수를 독방에서 즉시 꺼내야 합니다. 아니면 죽을 수도 있어요. 그의 상태가 몹시 위험해요."

리처드는 겨우 독방에서 풀려났다. 많은 죄수가 독방에서 일주일 혹은 그 이상을 갇혀 있는 경우를 생각하면 이것은 기적에 가까웠다. 간수들은 여전히 리처드를 살려두면 얻을 게 많다고 믿는 것 같았다. 그들은 리처드의 안전이 아닌 오로지 자신들의 이익을 위해 그를 감방으로 돌려보냈다.

＊＊＊＊

이후 며칠은 평상시보다 더 조용했다. 리처드는 무슨 일이 벌어진 건 아닌지 궁금했다. 심문이나 질문 혹은 눈을 가린 채 복도를 걸어가는 일도 없었다. 무슨 일이 벌어지고 있는 걸까?

바로 그때 감방 문이 열리면서 간수가 들어왔다.

"죄수, 일어서서 차렷! 그레쿠Grecu 중위가 심문실로 너를 불렀다. 빨리 걸어가!"

젊고 다부지며 대담하고 자신감 넘치는 한 남자가 리처드 앞에 있었다. 그는 자신이 더 나은 세상을 만들어 가고 있으며, 리처드는 적이라고 믿었다. 그는 리처드의 자선 활동에 대해 심문했다.

"그만 인정해. 그 돈을 간첩 활동에 썼지! 절대 기아 구호를 위해 쓴 게 아니지, 이 사기꾼!"

다음 번 만남 때는 러시아 복음과 전도 활동에 대해 질문을 받았다. 누구의 이름도 말하고 싶지 않았던 리처드는 3년 전에 죽은 러시아인 목사의 이름을 넘겼다. 그다음에 만났을 때 그레쿠는 자신을 속이려고 했던 것 때문에 몹시 화가 난 상태였다.

"네 이야기는 전부 거짓말이야! 장난은 그 정도면 충분해. 이제 종이에 전부 다 적어. 감옥 안에서 몰래 소통하고 있는 사람이 누구야? 그들이 너에게 뭐라고 했지? 전부 다 말해. 만약 말하지 않으면 문제가 심각해질 거야. 잠시 후에 돌아오지."

그레쿠가 자리를 비운 후, 고민하던 리처드는 마침내 종이에 일종의 신앙고백을 쓰기 시작했다.

> 나는 벽을 두드리면서 복음을 전했습니다. 나는 자살하기 위해 수면제를 모으기도 했습니다. 나는 못으로 예수님의 이름을 새기기도 했습니다. 하지만 나는 공산주의자들에 대항해 말한 적이 결코 없습니다. 나는 예수님의 제자이고, 예수님은 나에게 원수들을 사랑할 수 있는 사랑을 주셨습니다. 나는 공산주의자들을 이해하고 사랑합니다. 그들이 개종해서 내 믿음의 형제가 되기를 기도합니다.

그레쿠가 자신 있게 몽둥이를 흔들며 방으로 걸어 들어왔다. 기꺼이 디기외서는 리치드기 쓴 신앙고백을 읽었다. 잠시 후에 그레쿠는 목청을 가다듬고 리처드를 불러 물었다.

"왜 당신은 나를 사랑한다고 말하는 거지? 이건 기독교인들이 절대 지킬 수 없는 율법 중 하나에 불과해. 만약 나라면 나를 몇 년이나 혼자 가두고 굶기고 때린 사람을 사랑할 수 없을 거야."

"이건 율법을 지키고 말고의 문제가 아닙니다. 내가 기독교인이 됐을 때, 나는 사랑이 가득한 새로운 인격으로 다시 태어났습니다. 사랑은 사랑하는 마음에서만 나올 수 있습니다."

그리고 2시간 동안 리처드와 그레쿠는 기독교에 대한 주제로 이야기를 나눴다. 리처드는 예기치 않은 곳에서 복음에 귀 기울이는 사람을 만났다. 리처드와 그레쿠는 날마다 기독교에 대해 이야기를 나눴다. 그렇게 몇 주가 흘렀다. 리처드는 하나님께 지혜 주시기를 기도했다. 그는 공산주의자들을 비판하는 대신 그들의 좋은 점들을 이야기했다. 리처드는 그레쿠에게 그가 예수님을 따르는 길에서 멀리 떨어져 있지 않다는 것을 보여 줬다. 서서히 말씀이 그의 마음속으로 들어갔다. 마침내 그레쿠가 말했다.

"내 죄를 고백하고 싶소. 나는 예수님을 사랑합니다. 저와 함께 기도해 주시겠습니까?"

두 사람은 바닥에 무릎을 꿇었다. 한 명은 양복을 입고 다른 한 명은 죄수복을 입은 채였다. 이로써 그레쿠와 범브란트는 그리스도 주 예수 안에서 형제가 됐다.

****

그때부터 그레쿠는 용감하게 그가 할 수 있는 한 죄수들을 도왔다. 하지만 어느 날부터인가 리처드는 그레쿠를 만날 수가 없었다. 무슨 일인지 영문을 알 수 없었다. 그리고 며칠 뒤, 모스 부호로 된 메시지가 감방 벽을 통해 리처드에게 전해졌다.

'그레쿠, 사라짐. 체포된 것으로 추정.'

리처드는 한숨을 쉬었다.

예수님께

리처드는 감방 한쪽 구석에 창백한 얼굴로 앉아 있었다. 기침할 때마다 피가 나왔다. 감옥에 갇힌 지 이제 거의 3년이 다 됐다. 리처드는 혼자였지만, 항상 예수님과 함께였다. 그는 눈을 감고 마음속으로 정성스러운 편지를 써 내려갔다.

> 예수님, 당신에게 가장 먼저 말씀드리고 싶은 것은 내가 당신을 사랑한다는 사실입니다. 나는 푸딩을 사랑하고, 개를 사랑하고, 사람들을 사랑하고 또한 당신을 사랑합니다. 언어의 부족함 때문에 나는 같은 단어를 사

용해야 합니다. 당신을 향한 나의 감정을 다르게 표현할 적당한 단어가 없습니다. 그러니 이렇게 결론을 짓겠습니다. 당신은 나의 사랑입니다. 당신의 사랑이 나를 변화시키기 전까지 나는 기독교를 비판하는 사람이었습니다. 내가 변화될 수 있었듯이, 다른 이들도 변화될 수 있습니다. 이제 나는 남은 삶을 다른 사람들을 변화시키는 데 바치겠습니다.

다른 편지들은 괴로움에 울부짖는 내용이었다.

예수님, 공산주의자들도 고통받고 있습니다. 비밀경찰 본부의 지하에서 한 공산당 관리는 총을 쏴야만 했습니다. 그는 시체 사이를 다니며 "당신을 해치려던 건 아니었어. 난 당신을 알지도 못 했다고. 내가 당신을 쏘긴 했지만 이렇게 죽기를 원했던 건 아니야. 뭐라고 말 좀 해 봐! 제발 움직여!"라고 말하며 큰 소리로 울었습니다. 그의 동지들은 양심의 소리를 듣기 싫어 그를

> 죽였습니다. 이런 죄악의 고통이 저에게도 있습니다. 정
> 직하게 말하자면 이런 비극 때문에 제 안에는 '하나님을
> 증오해'라는 소리가 들렸습니다. 이 소리는 억누를수록
> 더 커지기 때문에 그것이 두려워 그냥 두었습니다. 수백
> 만 명의 사람이 하루에 빵 한 덩어리도 먹지 못하고 있
> 습니다. 우리는 매일 유혹을 당하지만 시험에 넘어가지는
> 않습니다. 왜죠? 뭐가 잘못된 거죠?

괴로움에 눈물을 흘린 후에는 아름다운 사과의 편지를 썼다.

> 지난 편지는 마음 아픈 부분에서 갑자기 끊어져 버렸습
> 니다. '하나님을 싫어합니다'라는 부분에서 더 이야기하지
> 않았죠. 우리는 좋으신 하나님과 나쁜 세계를 갖고 있습
> 니다. 우리가 하나님을 실패하게 만들죠. 사람들은 당신
> 께 순종하지 않습니다. 예수님, 당신은 사랑의 힘이 헛
> 되이 없어지고 있음에도 불구하고 평화를 만드는 일을
> 계속하고 계십니다. 사랑은 결코 포기하는 법이 없습니다.

리처드의 편지쓰기는 예수님과 대화하는 또 다른 방법이었다. 리처드는 편지에 답장을 받듯이 기도의 응답을 받았다. 그는 감옥 안에서 예수님이 주신 약속과 은혜를 떠올렸다. 그리고 영원한 사랑이 있는 미래에 대한 기대감으로 행복한 웃음을 지었다.

다시 터져 나온 기침에 그는 현실 세계로 돌아왔다. 리처드의 건강은 빠른 속도로 나빠졌다. 공산주의자들에게 그는 살려둘 가치가 있는 사람이었기 때문에 전문의를 불러왔다. 전문의는 감시 구멍으로 그의 상태를 살피고는 죄수 병원으로 옮기라고 지시했다.

리처드는 바닥에 몸을 웅크리고 누웠다. 다시 기침이 나왔다. 성경 구절들이 그의 혼란한 머릿속을 둥둥 떠다녔다.

"하늘에 계신 우리 아버지여 이름이 거룩히 여김을 받으시오며 나라가 임하시오며 뜻이 하늘에서 이루어진 것 같이 땅에서도 이루어지이다 오늘 우리에게 일용할 양식을 주시옵고 우리가 우리에게 죄 지은 자를 사하여 준 것 같이 우리 죄를 사하여 주시옵고 우리를 시험에 들게 하지 마시옵고 다만 악에서 구하시옵소서 (나라와 권세와 영광이 아버지께 영원히

있사옵나이다 아멘)"마태복음 6:9-13.

잠시 후 간수들이 들어왔다. 리처드는 들것에 실려 감방 밖으로 나와 차로 옮겨졌다. 그 순간에도 리처드는 말씀을 묵상하며 예수님께 기도했다.

'주님, 당신의 나라는 언제 임하죠? 도대체 언제인가요? 당신의 뜻이 이곳에 이뤄지나요? 당신과 하늘 나라에 같이 있고 싶어요. 주님, 제가 그들을 용서할 수 있게 도와주세요. 죄는 싫어하되 죄 지은 사람은 싫어하지 않도록 도와주세요. 저를 둘러싸고 있는 악한 현실로부터 구해 주세요.'

리처드는 바카레스티Vacaresti 죄수 병원으로 옮겨졌다. 차가 병원 안뜰에 서자 재빨리 자루가 그의 얼굴에 씌워졌다. 팔을 붙들린 리처드는 반은 걷고 반은 끌려가면서 병원으로 들어갔다. 자루가 벗겨지고 리처드는 다시 혼자 남겨졌다.
군화 발자국 소리가 멀어지자 리처드의 감방 문이 천천히 열렸다. 어리둥절한 눈이 리처드를 요리조리 살폈다.

"당신은 도대체 무슨 죄를 지은 거요?" 간수가 물었다.

"나는 목사이자 하나님의 자녀입니다." 리처드가 답했다.

그러자 간수는 감격스러워하며 자신을 소개했다. "하나님께 영광을! 저 또한 그리스도의 군사 중 한 명입니다. 내 이름은 타키치Tachici입니다."

"나는 리처드입니다."

리처드는 침대에 누워 몇 분이라도 자려고 눈을 감았다. 그리고 생각했다. '간수 중에 주님의 제자를 만나다니 너무 기쁜 일이야! 정말 놀라워!'

****

몇 주가 지나도 리처드의 기침은 멈추지 않았다. 몸이 너무 쇠약해져서 일어날 수도 없었고, 누군가 도움을 줄 때까지 대소변도 가릴 수 없었다. 때로는 아무도 신경을 쓰지 않아 오랫동안 방치되기도 했다. 하지만 타키치가 근처에 있을 때면 그를 기꺼이 도와줬다. 그럴 때마다 그들은 성경 구절을 나누거나 짧게 기도하는 시간을 가졌다.

타키치와 보내는 시간이 리처드에게는 매우 특별한 즐거움이었다. 리처드는 그의 약한 손으로 타키치의 손을 꼭 잡아 줬다. 공산주의자들의 본거지에서 나누는 기독교인들의 우정은 확실한 주님의 은혜였다. 또 한 가지 리처드를 기쁘게 하는 것은 창문이었다. 리처드는 창문으로 스며드는 진짜 햇빛과 진짜 소리를 들으며 잠시나마 행복했다.

어느 날 아침, 간수가 그를 흔들어 깨웠다. 그날은 리처드가 재판을 받는 날이었다. 리처드는 증인을 세우는 것이 허락되지 않았기 때문에 재판은 오래 걸리지 않았다. 판사가 마지막으로 물었다.

"하고 싶은 말이 있습니까?"
리처드가 대답했다. "나는 하나님을 사랑합니다."

판사가 판결을 내렸다. "이 자를 20년 노동형에 처한다."

****

이틀 동안 리처드는 끊임없이 기침을 하며 침대에 누워 있었다. 재판의 결과를 떠올리며 20년 동안 무슨 일이 일어날지 생각했다.

'그때쯤이면 미하이는 자라서 어른이 돼 있겠지. 어쩌면 결혼하고 자식을 낳았을지도 몰라. 나는 늙고 지친 남자일 뿐 미하이가 알던 아빠가 아닐 거야. 어쩌면 그때쯤엔 죽었을지도 모르지. 하나님 아버지, 당신은 제가 어디 있을지 알고 계시죠? 저는 그저 당신께 집중하고 모든 것을 맡기겠습니다.'

타키치가 리처드의 감방에 들어와서 걱정스러운 목소리로 그의 귀에 속삭였다. "당신은 옮겨질 거예요. 하나님의 축복이 당신과 함께하길." 얼마 후 리처드는 다른 감옥으로 가기 위해 차에 태워졌다.

****

죄수들을 태운 차가 얼마 가지 않아 다시 멈췄다. 그들을 폐결핵 환자 감옥으로 옮길 특별 호송칸이 기찻길 한쪽에 준비돼 있었다. 차에 타고 있던 죄수들의 공통점은 폐결핵이었다. 이 병은 전염성이 높으며 폐를 망가뜨린다. 그것이 리처드가 그토록 기침을 많이 한 이유였다.

그들은 기차로 약 300킬로미터를 달려 마침내 타르구 오크나_{Tirgu Ocna} 감옥에 도착했다. 그곳에는 해변가 모래처럼 많은 사람이 수감돼 있었다. 그중에서 리처드는 낯익은 얼굴을 발견했다.

"이럴 수가! 알데아_{Aldea} 박사! 나예요, 리처드 범브란트. 잘 지냈어요?"

알데아 박사는 리처드를 알아보고서 웃음 지었다.

"리처드, 이렇게 만나서 반가워요. 난 잘 지냈어요. 하지만 당신은 그렇지 않군요. 건강이 매우 나빠 보여요."

알데아 박사는 리처드를 꼼꼼하게 진찰했다. 그 역시 죄수였지만 의사로서 일하도록 지시를 받았다. 알데아 박사 말고 다른 의사는 한 명밖에 없었다. 알데아는 체온계로 리처드의 체온을 쟀다. 온도는 위험할 정도로 높았다.

"나는 매우 걱정이 됩니다. 리처드, 미안하지만 내가 할 수 있는 게 아무것도 없어요. 어쩌면 살 수 있는 날이 몇 주밖에 안 남았을지도 몰라요. 무엇이든 잘 먹도록 노력해 봐요. 여기 음식이 좋지는 않지만 그 방법밖에 없어요."

그곳에 도착한 지 며칠이 지났지만 리처드와 함께 수레에 실려 온 사람들 대부분이 매우 아팠고, 그들은 두려워하던 '4번방'으로 보내졌다. 사람들은 이 방에 대해 이야기하는 것만으로도 두려움에 떨었다.

"사람들은 그곳에 죽으러 가는 거요." 이것이 4번방에 대한 설명이었다.

리처드는 죽을 먹으려고 노력했지만 그럴 수 없었다. 다른 사람이 숟가락으로 떠먹여 줬지만 삼키지도 못했다. 겨우 조금 먹더라도 얼마 지나지 않아 토해 버렸다. 알데아 박사는 리처드를 보며 안타까운 표정으로 말했다.

"친구여, 미안하지만 당신은 4번방으로 가야 할 것 같군요."

4번방

　리처드는 간신히 숨을 쉬고 있었다. 생명의 불꽃이 천천히 꺼지고 있었다. 그의 얼굴은 창백하고 병색이 완연했다. 숨을 쉴 때마다 사포로 기도를 긁고 폐를 문지르는 것 같았다. 4번방 사람들은 동료가 고통받는 모습을 보며 성호를 그었다. 다른 방에 갇힌 사람들에게는 수많은 밤 중에 하루지만, 4번방 사람들에게는 유일한 밤일지도 몰랐다. 많은 사람이 이곳에서 생을 마감했기 때문이다.

　"리처드가 오늘 밤을 넘길 수 있을까요? 어떻게 생각해요?"

어둠 속에서 우물거리는 목소리가 대답했다. "못 넘길 것 같은데. 알렉시Alexi, 그를 봐 봐. 어젯밤보다 더 안 좋아졌어. 어제도 그가 밤을 못 넘길 거라고 생각했잖아, 안 그래?"

"맞아요, 하지만 그는 살아남았잖아요. 어쩌면 오늘 밤도 살아남을지 몰라요. 세르게이Sergei, 당신은 좀 더 긍정적일 필요가 있어요. 우리가 그를 위해 할 수 있는 일은 기도뿐이에요. 우리 같이 기도해요."

조용히 두 고개가 숙여지고 두 개의 심장이 리처드의 생명을 구하는 기도를 드렸다. 기도는 밤새 계속됐다. 밤이 지나고 누군가에게는 평안의 축복이, 다른 누군가에게는 끝없는 고통이 있었다.

이른 아침, 태양이 감옥 담장 위로 떠올랐다. 새들이 지저귀기 시작했다. 잠에서 깬 4번방의 죄수들은 리처드를 살펴봤다. 그에게서 작은 숨소리가 들렸다.

"그가 아직 살아 있어요! 하나님, 감사합니다."

리처드의 존재 자체가 4번방의 죄수들에게 삶의 희망을 불어넣었다. 영적인 감각, 하나님에 대한 인식, 형제간의 사랑 등이 깨어났다. 모든 죄수가 하나님께 잘 모르는 사람의 생명을 구해 달라고 기도했다. 그렇게 2주가 지나고 4명의 죄수가 죽었다. 그러나 리처드는 아직 살아 있었다.

"어쩌면 그가 살아날지도 몰라."
"누가 의사 좀 불러, 빨리!"

알데아 박사가 급하게 뛰어왔다. 그리고 리처드의 상태를 확인한 후, 4번방 사람들을 보며 활짝 웃었다. "목사님은 살아날 거예요."

4번방 사람들의 얼굴에 웃음이 번졌다. 4번방에 생존자가 나타난 것이다.

****

몇 시간이 지나면서 리처드의 열은 서서히 내렸다. 그는 눈을 뜨고 오랫동안 주위를 둘러봤다.

알렉시가 곁으로 와서 리처드를 보고 웃었다. "목사님, 다시 살아나셔서 기뻐요. 내 이름은 알렉시예요."

리처드는 같이 웃어 주고는 힘없이 작은 소리로 말했다. "내 이름은 리처드예요. 간수들은 찾아볼 수가 없군요. 아주 조용해요."

"맞아요, 이게 폐결핵의 좋은 점이에요. 그건 이 감옥이 덜 엄격하다는 의미죠. 하지만 우리는 어떤 물건도 받지 못해요. 기본적인 음식 배급조차 받을 수 없어요. 혹시 옷이나 천 조각을 발견하면 무조건 잘 보관하세요. 지금 당장이 아니라도 언젠가 필요할 거예요!"

죽음에서 살아 돌아온 목사님이 누군지 보기 위해, 다른 죄수들이 리처드 주변으로 몰려들었다.

"당신이 정말 목사요?"
"네, 그래서 내가 여기 있는 겁니다. 나는 하나님을 사랑해요. 요즘 같은 시대에는 큰 죄목이죠."

방 반대편에서 씁쓸한 목소리가 들려왔다. "난 마르크스주의자가 종교에 대해 가르친 것을 전적으로 믿소. 교회는 우리처럼 가난한 노동자들에게 단지 또 다른 독재자일 뿐이라고 했소."

알렉시가 리처드의 귀에 소곤거렸다. "저 사람은 필리페스쿠Filipescu인데 신앙이 있는 사람이 아니에요."

리처드는 목소리가 들리는 방향으로 고개를 돌렸다. 필리페스쿠는 계속해서 리처드를 향해 말했다. "당신 같은 성직자들은 가난한 사람들에게 오늘날 우리가 겪는 모든 가난과 불공평함에 대해 걱정하지 말라고 하지. 왜냐하면 그들은 내일 상급을 받을 거니까. 정말이지 쓰레기 같은 말이야!"

필리페스쿠는 엄청난 기침을 토해 낼 때만 말하기를 멈췄다. 그가 기침할 때마다 피가 나오고, 온몸에 열이 났다. 이후로 몇 주 동안 리처드는 그와 계속 이야기를 나눴는데, 그러는 사이 필리페스쿠의 건강이 빠르게 악화됐다.

어느 날 저녁, 알렉시가 리처드의 어깨를 흔들어 깨웠다.

"리처드, 필리페스쿠가 당신을 찾아요. 이제 얼마 남지 않은 것 같아요. 그의 병이 너무 심해졌어요."

리처드는 알렉시와 세르게이의 도움을 받아 필리페스쿠에게 갔다. 필리페스쿠는 리처드의 눈을 올려다보며 "예수님을 사랑합니다"라고 말했다. 그리고는 숨을 거뒀다.

리처드는 그를 위해 무릎을 꿇고 한참을 기도했다. 그리고 다른 죄수들에게 이야기했다. "스스로를 무신론자라고 말하던 한 남자가 있었어요. 그는 말했죠. '나는 하나님을 믿지 않아.' 그의 인생이 잘 풀릴 때는 아무런 문제가 되지 않았어요. 하지만 그의 삶은 곧 엄청난 고통을 받게 됩니다.

진정한 신념은 엄청난 고통에서도 살아남을 수 있지만 무신론은 그렇지 못하죠. 무신론은 죽음 앞에서 살아남지 못합니다. 이때 하나님을 믿지 않던 남자는 우연히 하나님과 대면하고 있는 자신을 발견합니다. 그리고 마지막 순간에 그분을 사랑한다 고백했습니다. 이제 그는 하나님 곁으로 돌아가 더이상 고통받지 않고 편안히 지낼 겁니다. 모두 그를 위해 기도합시다."

✴✴✴✴

 4번방 사람들은 서로를 위로하고 의지하며 희망의 끈을 놓지 않았다. 하지만 4번방이 항상 평화롭기만 한 건 아니었다. 일부에서는 분노가 표출되고 긴장감이 감돌았다. 세르젠트 Sergeant가 그 예였다. 그는 공산당에서 부정한 일을 하고 감옥에 온 사람이었다. 세르젠트는 죄수 동료들에게 자신의 영광스러운 업적에 대해 이야기했다. 그는 자신이 얼마나 유대인을 싫어했고 얼마나 그들을 괴롭혔는지 계속해서 말했다. 4번방의 사람들은 그를 참을 수가 없었다.

 그렇지만 알데아 박사는 그를 걱정했다. 세르젠트는 죽어가고 있었다. 하지만 그는 오히려 "나에게 아무런 문제도 없는데 왜 자꾸 나를 이곳에 두는 거요?"라고 말했다. 그 순간에도 세르젠트의 건강은 빠르게 악화됐다. 그는 어느새 허우적대는 자신의 모습을 발견했다.

 하루는 그가 물었다. "나는 죽고 싶지 않아! 왜 나야?"

 리처드가 조용히 속삭였다.

"당신은 지금 희망을 가질 이유가 전혀 없다고 느끼겠지만, 해가 뜨기 전이 가장 어두운 법입니다. 기독교인들은 새벽이 온다는 사실을 믿습니다. 하나님께서 나를 죽게 하실지 몰라도 나는 여전히 하나님을 믿습니다. 가장 어두운 순간에도 믿음을 가지세요."

세르젠트는 리처드에게 등을 돌린 채 조용히 누워 있다가 잠이 들었다. 다음 날 세르젠트는 몇 시간 동안 의식이 없었다. 4번방은 또 다른 죽음을 기다렸다. 얼마 후, 세르젠트는 겨우 정신을 차리고 일어났다.

"모두가 보는 앞에서 고백하고 싶습니다. 나는 너무 많은 죄를 지었어요."

세르젠트는 죽음에 대한 두려움에 흐느껴 울었다. 수많은 유대인이 그의 손에 죽임을 당했다. 절박한 외침, 흐느낌, 아이들의 울음소리가 전부 그에게 되돌아와 그를 괴롭혔다.

"리처드, 당신은 나를 싫어하겠죠."

"아니요, 당신을 싫어하는 건 당신 자신입니다. 당신은 사람들을 죽이던 예전의 당신을 싫어하고 그 인격을 버렸어요. 당신은 더 이상 살인자가 아닙니다. 사람은 다시 태어날 수 있어요."

다음 날 아침, 그의 이야기는 마침내 끝이 났다. 그의 창백한 손이 리처드의 손을 꼭 쥐었다 놨다. 깊은 잠에 빠진 그의 얼굴은 비로소 평안을 되찾은 듯했다.

또 한 명이 마지막 순간에 리처드의 도움을 받아 하나님의 나라로 인도됐다. 리처드는 세르젠트가 왜 마지막 순간에 자신의 모든 죄를 고백했는지 궁금했다. 얼마 지나지 않아 리처드는 깨달았다. 조용한 감옥 안에서 죽음이 가까워지면 사람들은 바깥세상에서는 듣지 못하던 하나님의 음성을 듣게 되는 것이다. 그리고 하나님은 그들 곁에 리처드가 있게 하셨다.

****

폽Popp은 리처드의 특별한 친구 중 한 명이었다. 어느 날 아침, 리처드는 오래된 비누 하나를 필사적으로 찾고 있었다. 겨우 찾은 비누는 자꾸만 손에서 미끄러졌다. 리처드는 스스로 씻을 힘이 없었다. 그래서 친구 폽은 헝겊 조각과 조그만 비누로 가능한 한 부드럽게 리처드의 몸을 닦아 주었다. 폽은 리처드의 지치고 창백한 얼굴을 닦아 주며 한숨을 지었다. 폽의 얼굴에는 미소가 사라진 지 오래였다.

"이봐 목사님, 하나님은 어디 계시지? 왜 우리를 도와주지 않으시는 걸까?"

"폽, 내가 이야기 하나 해 주지."

"오, 좋지. 모두 여기로 모여 봐. 목사님이 이야기를 해 준대!" 4번방 사람들은 리처드의 이야기에 귀를 기울였다.

> 한 목사가 어떤 사람의 임종을 지키는 자리에 갔다. 부엌에 들어선 목사는 몸을 웅크리고 흐느껴 울고 있는 어린 딸과 그녀를 위로하는 어머니를 발견했다. 어린 딸이 목사에게 물었다. "당신이 설교하던 하나님의 보호하시는 팔은 도대체 어디에 있는 거죠?" 목사는 가만히 서서 자신 앞에 놓인 상황을 바라봤다. "자매여, 하나님의 보호하시는 팔은 지금 어머니의 팔의 모습을 하고 당신 어깨 위에 있습니다."

"폼, 이처럼 예수님은 여러 가지 방법으로 우리와 함께하고 계시네. 먼저 어떤 핍박에도 굴하지 않고 우리를 돕는 기독교인 의사들이 있어. 어떤 의사들은 우리를 도왔다는 이유로 감옥에 갇혀 있지. 이 감옥에 있는 신부와 목사들도 우리의 짐을 덜어 주려고 노력하고 있고, 또 다른 기독교인들도 우리에게 먹을 것과 옷을 가져다주고 있지. 그리고 우리에게 하나님을 가르쳐 주는 사람들도 있다네. 자네가 다른 사람들을 돕고 있을 때도 하나님은 자네와 함께하신다는 것을 기억하게나."

"너희가 여기 내 형제 중에 지극히 작은 자 하나에게 한 것이 곧 내게 한 것이니라"마태복음 25:40.

****

새로운 죄수들이 4번방에 들어왔다. 그중에서 특별히 한 남자가 많은 사람의 관심을 끌었다. 바로 보리스Boris였다. 4번방의 다른 사람들처럼 그는 '훌륭한 공산당', '나의 모든 위대한 공산주의자 친구들'에 대한 주장을 늘어놓았다. 그리고 "공산주의여 영원하라!"고 이야기하고 또 이야기했다. 리처드는 보리스에게 하나님을 전하기 위해 공산주의, 믿음, 신앙에 대해 깊은 이야기를 나눴다. 하지만 보리스는 어찌할 도리가 없는 굉장한 고집불통이었다.

리처드는 열렬한 공산주의자를 바라보며 생각했다. '저 사람을 조심해야겠어. 그는 어쩌면 정보원일지도 몰라. 하지만 나는 계속 복음을 전해야만 해. 나는 이미 감옥에 갇혀 있고, 폐결핵으로 고통받고 있고, 고문을 당하고 있는데 그들이 내게 무엇을 더 할 수 있겠어. 루마니아 전체를 통틀어 사방으로 갇힌 이 감옥 안에서 나는 가장 자유롭게 설교할 수 있어.'

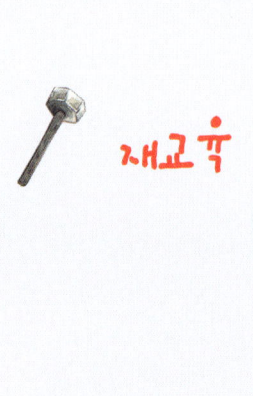

폴과 알렉시는 다소 두려운 소식에 대해 이야기를 나누고 있었다.

"7번방의 늙은 신부가 그러는데 조만간 무슨 일이 벌어질 거래요. 재교육을 한다고 하는 것 같아요. 내 생각에는 그가 간수가 이야기하는 걸 엿들은 게 분명해요." 알렉시가 먼저 말을 꺼냈다.

폴이 말했다. "재교육이란 게 도대체 뭐지? 학교로 돌아가는 건가? 학교로 돌아가는 거라면 난 상관없어."

"아니! 이건 훨씬 더 사악한 거요. 공산주의자들이 우리에게 친절을 베풀 리가 없소. 재교육은 때리는 것이지 책으로 하는 게 아니오." 세르게이가 자신의 생각을 말했다.

그러자 보리스가 웃으며 말했다. "그들이 그럴 리가 없어. 그들은 내 옛 동료들이야. 우린 함께 맥주도 마시고, 정치에 대해 토론도 했다고. 곧 알게 될 거야, 아무 일도 없을 거란 걸."

하지만 보리스가 틀렸다. 일주일도 안 돼서 재교육 위원회 담당자가 도착했다. 그날 아침 감옥 관계자들은 새로운 계획을 밀어붙였다. 그들은 50명의 죄수들 옆에 새로운 10명의 죄수들을 붙였다. 새로운 죄수들은 공산주의자 성향이 강하고 잔혹한 성격을 지닌 자들이었다. 관계자들은 새로운 죄수들에게 감옥에 있는 죄수들을 때려서 항복하게 만들 것을 지시했다. 처음에 그들은 같은 죄수를 때려야 한다는 사실에 당혹스러워했다. 하지만 관계자들에게 재교육을 받으며, 그들이 말하는 대로 하면 좋은 일이 생길 것이란 기대가 생겼다. 아마도 때리면 때릴수록 더 좋은 점수를 얻고 자유를 찾을 것이라 생각했던 것 같다. 그러나 그들은 속고 있었다. 관계자들은 그럴 생각이 전혀 없었기 때문이다.

리처드는 그날 아침에 일어났던 일을 생각했다. 끔찍한 일이었다. 간수들은 보리스, 세르게이, 알렉시를 포함한 여러 죄수를 추운 바깥에 세워 놓고 당국 방문자들을 환영하도록 했다. 마침내 출입문이 열리고 잘 차려입은 정부 관계자들이 자동차 몇 대에서 내렸다. 그들은 재교육 전문가들로 당의 지도자들, 장관, 고위직 공무원들과 함께였다.

보리스의 눈빛이 누군가를 알아보고 반짝였다. 그의 오랜 공산주의자 친구 지아누Jianu였다. 보리스는 반가운 마음에 동료 죄수들을 지나쳐 지아누에게로 갔다. 그때 간수들이 그를 붙들어서 죄수들 사이로 끌고 갔다.

재교육된 죄수들 중 한 명이 나와 방문자들 쪽으로 걸어왔다. 어떤 목소리가 그에게 증명해 보이라고 명령했다. 간수 한 명이 죄수들 앞으로 다가가 그들을 훑어보기 시작했다. 그의 눈이 세르게이에게 멈췄다가 다시 알렉시를 바라봤다. 간수가 눈빛을 보내자 다른 간수가 와서 알렉시를 관계자들 앞으로 데리고 갔다. 재교육된 죄수가 쇠사슬과 나무 방망이를 든 채 알렉시를 때릴 준비를 했다. 알렉시는 몸을 웅크리며 몽둥이를 피했지만, 결국 무거운 쇠사슬에 붙잡혔다. 회색 양복과 반짝이는 구두를 신은 사람들은 이 모습을 보며 수첩에 뭔가를 기록했다. 그리고 새로운 제도에 대해 의논했다.

"우리에게 이런 오락거리를 제공해 주신 여러분께 감사드립니다. 죄수가 다른 죄수를 때린다. 좋은 생각입니다." 지아누가 흡족한 미소를 지었다.

하지만 이내 웃음이 사라졌다. 지저분하고 머리가 헝클어진 한 남자가 간수들 사이를 빠져나가며 그에게 소리치고 있었다. 보리스였다.

"지아누, 내 친구. 제발 멈춰. 이걸 계속하게 하지 마, 제발!"

지아누는 보란 듯이 명령했다. "저 남자를 더 때려, 아직 안 끝났어."

쇠사슬과 나무 방망이가 다시 한 번 알렉시를 내리쳤다. 알렉시는 흙바닥에 누운 채로 남겨졌다. 그리고 보리스에게도 쇠사슬과 나무 방망이 세례가 쏟아졌다.

****

"거기서는 어느 누구도 할 수 있는 게 없었어." 리처드가 한숨을 내쉬었다. 알렉시는 궁금한 듯이 리처드를 바라봤다.

"보리스는요?"
"보리스는 항복했어. 그는 이제 그들 중 한 명이야."

알렉시가 구역질이 나는 듯 얼굴을 찡그렸다. 리처드가 생각하기에 보리스는 공산주의를 포기하고 싶어 하지 않았다. 공산주의는 그의 삶이었기 때문이다.

그 사이에 리처드는 그동안 알데아 박사가 보이지 않는 사실이 마음에 걸렸다. 그때 갑자기 멀리서 비명 소리가 들렸다. 문에서 가장 가까이 있던 세르게이의 얼굴이 창백해졌다. 그는 2개의 다른 목소리를 알아들었다. 그는 리처드와 그의 친구들을 향해 말했다.

"보리스 목소리야. 그가 알데아 박사를 때리고 있어."

비명은 자정 즈음까지 계속됐다.

****

다음 날 아침, 알데아 박사는 4번방에서 발견됐다. 딱딱한 바닥에 누워 있는 것조차 그에게는 견딜 수 없는 고통이었다. 보리스가 알데아의 등을 채찍으로 사정없이 휘갈겨서 살점이 떨어져 나가고, 오래된 상처가 벌어졌다. 알데아 박사는 누워서 땀을 흘렸다가 몸을 떨었다가를 반복했다. 그날 오후, 한 남자가 알데아 박사를 찾아왔다.

"심각하게 아픈 죄수가 있는데, 그가 당신을 찾고 있어요."

알데아 박사는 조용하게 물었다. "누구입니까?"
말을 전하러 온 사람이 쭈뼛대며 말했다. "보리스입니다."

알데아 박사는 겨우 일어나 방에서 비틀거리며 나갔다. 그를 보며 아무도 말을 할 수가 없었다.
알데아 박사는 보리스가 다른 감옥으로 옮겨질 때까지 치료했다. 그리고 4번방으로 돌아왔다. 보리스에게 맞은 자국과 상처들이 아직 남아 있는 채였다. 하지만 그 누구도 알데아 박사가 보리스를 사랑으로 돌봤으며 완전히 용서했다는 사실을 의심하지 않았다. 알데아 박사는 진정한 기독교인의 삶을 살고 있었다. 이곳 사람들은 그를 통해 예수님을 볼 수 있었다.

리처드는 시선을 돌려 늙은 대수도원장 이스쿠(Iscu)를 바라봤다. 그는 예수님을 닮은 또 다른 좋은 본보기였다. 이스쿠는 자신을 때렸던 젊은 남자와 같은 방에 누워 같이 죽음을 기다리고 있었다. 젊은 남자의 이름은 바실레스쿠(Vasilescu)였다. 그는 재교육받은 죄수들 중 한 명으로 신부님 그룹을 담당했었다. 죽음을 앞둔 바실레스쿠는 두려움에 흐느껴 울었다. 이스쿠는 그의 곁으로 다가가 자신을 고문한 사람을 향해 미소지으며 말했다.

"당신은 자신이 하는 일을 잘 몰랐을 거예요. 나는 당신을 용서합니다. 다른 기독교인들도 기꺼이 그럴 거예요. 예수님도 당신을 용서해 주실 거예요. 천국에 당신 자리가 마련돼 있습니다."

그날 밤, 두 사람 모두 세상을 떠났다. 리처드는 누워서 생각했다. '어쩌면 그들은 손을 잡고 천국에 함께 갔을지도 몰라.'

✳✳✳✳

12월이 되고, 차가운 바람이 감옥 안을 파고들었다. 사람들은 얇은 이불 조각에 의지해 가까스로 살아가고 있었다. 연말이 다가올수록 썩은 당근 수프는 점점 묽어졌다. 4번방은 추위와 배고픔이 낳은 희생자들로 더욱 바빠졌다. 그리고 성탄절이 됐다.

폽은 빛을 잃었다. 그는 다른 감옥으로 옮겨졌다가 재교육이 시작되기 바로 전 날 다시 이곳으로 돌아왔다.

"기운 내요, 폽. 나를 보고 웃어 봐요." 알렉시가 그를 위로하기 위해 말을 걸었다.

"웃으라고?" 폽이 알렉시를 쳐다봤다. "나는 한 신부가 신앙을 버리니 스스로 죽음을 선택한 감옥에 있었어. 어떤 사람은 창밖으로 뛰어내렸고, 어떤 사람은 스스로 굶어 죽었는데도 아무도 알아채지 못했어!"

폽은 몸을 웅크리고 감옥 바닥을 내려다봤다. 그때 깊은 바닥에서부터 어떤 목소리가 들려왔다. 처음에는 적막하고 조용했던 목소리가 차갑고 맑은 공기를 타고 점점 아름답게 울려

퍼졌다. 소리는 복도를 통해 퍼져 모든 사람이 들을 수 있게 됐다. 아름다운 순간이 깨질까 두려워서 누구도 말 한마디 하지 않은 채 듣고만 있었다. 다시 한 번 고요가 찾아왔다. 리처드는 자리에서 일어나 조용하고 작은 목소리로 조금 전 노래에 대해 이야기해 주었다.

"주님을 찬양하는 노래가 바로 우리가 항상 불러야 할 노래입니다. 메시아가 오실 때 많은 사람이 각자의 노래를 부른다면 그 노래는 듣기 힘들 겁니다. 우리는 예수님의 생애, 열정, 기쁨, 고통, 죽음, 부활에 대한 노래를 불러야 합니다. 그 노래야말로 참된 노래입니다. 그 노래는 우리가 방금 이곳 타르구 오크나 감옥의 성탄절에 들은 노래입니다."

****

겨울이 지나갔지만 추위는 여전히 감옥 안을 맴돌았다. 리처드는 그의 팔과 발을 문질렀다.

"너무 춥군. 밖에는 따사로운 햇살이 쏟아질 텐데 이곳은 얼음 창고처럼 추워."

"우리 모두 그래." 폽은 발을 따뜻하게 하려고 발을 동동 구르고 있었다.

알데아 박사가 "조심해요. 모서리 잘 보고, 이제 조심히 내려놔요"와 같은 지시를 내리며 4번방으로 들어왔다.

모두가 일어나 앉아서 상체에 붕대를 감고 자리로 옮겨지는 남자를 지켜봤다. 간수들이 남자를 내려놓고 돌아가자, 남자는 그의 팔을 뻗어 붕대 안에서 무언가를 꺼냈다. 글자가 인쇄된 여러 장의 종이, 바로 책이었다. 리처드는 깜짝 놀랐다. 이 감옥에 있는 어떤 죄수도 책 같은 것을 갖고 들어올 수 없었다. 리처드는 어떻게 이런 일이 가능한지 궁금했다. 리처드가 물어보기도 전에 남자는 그를 보며 말했다.

"이건 요한복음이에요. 빌려드릴까요?"

리처드는 간절한 마음으로 손을 뻗었다. 그리고 두 손으로 책을 조심스럽게 잡았다. 그것은 금이나 약보다도 더 귀중한 것이었다. 그는 책의 앞표지부터 뒤표지까지 한 글자도 빠짐

없이 읽었다. 그리고 책을 다음 사람에게 넘겼다. 책을 이어받은 사람도 리처드와 똑같이 했다.

  몇 달 동안 많은 사람이 복음을 읽고 배웠다. 폽도 읽었다. 폽은 늦은 밤이 되도록 그가 말씀에서 읽은 것들에 대해 이야기했다. 그의 믿음을 가로막는 마지막 장벽은 어떻게 예수님께 기도하느냐는 것이었다. 리처드는 폽에게 이야기 하나를 들려주었다.

> 한 목사님이 어떤 노인의 임종 자리에 불려갔다. 그가 침대 가까이에 있는 팔걸이 의자에 앉으려고 하는데 노인이 말했다. "제발 거기에 앉지 마세요!" 그래서 목사님은 다른 의자를 가져왔고, 노인은 그 의자에 담긴 사연을 설명했다.
>
> "50년 전, 한 늙은 목사님이 나에게 기도제목을 물었습니다. 나는 '저는 기도제목이 없어요. 내가 아무리 큰 목소리로 외쳐도 겨우 한 층 위에 있는 사람도 듣지

못하는데, 어떻게 저 멀리 하늘에 계신 하나님께서 제 기도를 들으실 수 있겠어요?'라고 말했습니다.
늙은 목사님은 상냥한 목소리로 말했습니다. '그럼 기도하려고 애쓰지 말고, 그냥 조용히 앉아서 의자를 바라보렴. 예수님께서 많은 바리새인의 집에 앉으셨던 것처럼 거기에 앉아 계신다고 상상해 보렴. 너는 예수님께 무슨 말을 하겠니?'
나는 말했습니다. '솔직히 말하면, 나는 예수님을 믿지 않는다고 말하겠어요!' 목사님이 말했습니다. '적어도 네 솔직한 생각을 보여 주긴 하는구나. 그럼 더 나아가서 그분이 존재하신다는 증거를 보여 달라고 부탁드리렴. 만약 네가 예수님께서 일하시는 방법이 맘에 들지 않는다면 그분께 말씀드리렴. 네가 뭔가 원하는 게 있으면 그분께 달라고 부탁드리렴. 만약 네가 원하는 걸 갖게 되면 고맙다고 말씀드리면 돼. 그게 기도란다.'
나는 예수님을 믿지는 않았지만, 그 늙은 목사님은 믿음이 있습니다. 그를 기쁘게 하기 위해 나는 딸걸이 의자 앞

> 에 가서 예수님께서 거기에 계신 척했습니다. 처음 며
> 칠은 재미로 했는데, 나중에 나는 예수님께서 정말 거기
> 에 계시다는 것을 깨달았습니다. 나는 예수님께 내 이
> 야기를 했습니다. 기도는 대화가 됐죠. 아직도 나는 매
> 일 저 의자에 계신 예수님과 이야기합니다."
>
> 말을 마친 노인은 딸걸이 의자에 앉아 계신 보이지 않
> 는 예수님을 향해 사랑의 팔을 뻗은 채로 숨을 거뒀다.

폼은 리처드의 눈 속을 들여다봤다. "리처드, 자네를 처음 봤을 때, 나는 자네가 내게 뭔가를 줄 거라는 느낌을 받았어. 나에게도 예수님은 진짜 살아 계셔. 고마워, 소중한 친구."

죄수들이 범브란트의 이야기에 대해 나누고 있을 때, 복도 쪽 감방에서 흥분한 목소리가 들려왔다.

"이봐! 이봐! 4번방 식구들 들어 봐!"
세르게이가 복도 쪽으로 소리쳤다. "무슨 일인가?"

"스탈린stalin이 죽었대!" 목소리가 대답했다.

기쁨의 함성과 축하가 온 감옥에서 터져 나왔다. 간수들은 신경질적으로 욕을 하고 초조하게 걸어 다녔다.
스탈린은 소련공산당의 원수로 많은 국민을 학살하는 등 공포정치를 한 자였다. 그런 그가 죽었다. 곧 소련의 오래된 정권은 무너질 것이다. 소련의 영향을 받던 루마니아까지 이런 정치적인 변화를 함께 겪게 될 것이다. 이제 재교육은 중단되고, 야만적인 상황들은 없어지며, 감옥에 갇힌 사람들은 자유를 찾을 것이다. 사람들의 기대가 점점 커졌다.

****

스탈린의 죽음에 대한 흥분은 쉽게 식지 않았다. 알데아 박사가 회진을 하러 4번방에 들어왔을 때도 모두 그 이야기만 하고 있었다. 함께 이야기를 나누던 알데아 박사는 리처드를 진찰하다가 알 수 없다는 표정으로 그를 쳐다봤다. 고개를 절레절레 흔들며 미소 짓던 그는 큰 웃음을 터뜨렸다.

"이해할 수가 없군요. 당신의 폐는 체처럼 구멍이 났고, 척

추 또한 감염됐어요. 하지만 내가 어떤 치료도 해 줄 수 없는데도 당신은 더 나빠지지 않고 있어요. 이번 주에는 걸을 수도 있을 거예요. 리처드, 이제 4번방을 떠나도 돼요."

환호와 휘파람 소리가 울리고 사람들은 그들의 손을 공중에 흔들었다. 그의 친구들과 함께 웃던 리처드는 목청을 가다듬었다. 사람들은 기적을 보인 목사가 4번방에서 마지막으로 하는 말에 귀를 기울였다. 그는 짧고 간결하게 말했다.

"이것은 기적이며 기도의 응답입니다!"

리처드는 2년 반 만에 처음으로 살아서 그 방을 나가는 사람이 됐다. 알렉시와 세르게이는 마주 보며 미소 지었다. 두 사람은 함께 모르는 목사님을 위해 밤을 새워 기도했던 그날을 기억했다. 그들을 포함해서 이 방에서 리처드를 만났던 수많은 사람, 그리고 감옥 밖, 혹은 이 나라 밖에 있는 수많은 사람이 그를 위해 기도했을 것이다. 알렉시는 리처드가 더 이상 그곳에 없지만, 하나님께서 4번방에 오래도록 함께하실 것을 믿었다.

새로운 감방, 오래된 문제들

리처드는 새로운 감방에서 그날 배급받은 물을 마시고 있었다. 그때 증오로 일그러진 얼굴로 그를 노려보는 감방 동료를 발견했다. 리처드는 재빨리 방구석으로 몸을 피했다. 리처드는 4번방에 있는 동안 감옥이 얼마나 작고 악한 세상인지 잊고 있었다. 4번방은 사람의 소중함을 아는 곳이었다. 4번방 사람들은 죽어 가고 있었지만 대화다운 대화를 나눴다. 또한 고통 중에도 옆 사람에게 미소를 지어 보일 줄 알았다. 하지만 새로운 방은 4번방과는 완전히 다른 세계였다.

몇 주가 지나고 또 몇 주가 흘렀다. 그곳을 지키던 군인이 떠나고 새로운 군인이 왔다. 그의 이름은 스트라바트Stravat

로, 온정과 상식이 있는 장군이었다. 또한 군인이기 이전에 기독교인이었다. 리처드는 그와 가까워지고 싶었다. 그는 주위 사람들을 보살피고 그들의 몸과 영혼에 큰 관심을 갖고 있었다.

어느 날 아침, 스트라바트 장군 앞으로 소포 하나가 배달됐다. 그의 아내가 보낸 물건들이었다. 사람들은 소포 안에 있는 바깥세상 물건들을 보고 흥분을 감추지 못했다.

스트라바트 장군은 리처드에게 소포를 내밀며 말했다. "목사님, 이 소포를 사람들에게 골고루 나눠 주면 좋겠어요."

****

폽과 리처드는 운동 시간마다 마당에서 이야기를 나누곤 했다. 어느 날 폽은 그동안 리처드에게 숨겨 뒀던 이야기를 힘겹게 꺼냈다. 그것은 리처드의 아내 사비나의 소식이었다. 폽이 잠시 다른 감옥에 가 있었을 때, 그곳에서 사비나를 봤다. 사비나는 감옥에 있었다. 그녀는 운하 건설하는 곳에서 일하고 있었다. 리처드는 이야기를 다 들은 후 어둡고 우울한 기분에 빠졌다. 좌절감이 그를 감싸기 시작했다.

며칠 동안 리처드는 사람들은 물론 하나님과도 말을 하지 않았다. 리처드는 자신 안에 숨어 버렸고, 폽과 다른 사람들은 그런 그를 걱정했다.

****

그러던 어느 날 아침, 리처드는 운동장에서 나이 든 낯선 남자를 발견했다. 남자는 회색 수염을 길렀는데, 수염이 바람에 날리고 있었다. 그의 가운도 발목 주변에서 펄럭이고 있었다. 그 남자는 신부였다.

"저 신부는 여기서 무엇을 하는 거지?" 리처드가 질문했다.

마침내 리처드가 말을 하기 시작하자 폽이 빙그레 웃으며 대답했다. "저 사람은 고해성사를 하러 왔어. 로마 정교회나 대수도원 죄수들이 이용하고 있지."

리처드는 늙은 신부에게 이야기하려고 길게 줄을 선 죄수들을 바라봤다. 리처드는 그에게 모든 사실을 말해야 한다는 강한 충동을 느꼈다. 비록 고해성사를 믿지는 않았지만, 누군가에게 자신의 슬픔을 털어놓고 싶었다. 그는 신부를 찾아가서 자신의 좌절감, 영혼의 메마름, 우울함에 대해 나눴다. 리처드의 이야기를 듣는 늙은 신부의 눈빛은 사랑으로 가득했다.

이야기를 나누며 리처드는 늙은 신부 역시 많은 고통을 겪고 있다는 사실을 알게 됐다. 그의 가족들은 죽거나 감옥에 있거나 그에게서 완전히 등을 돌렸다. 하지만 그는 다른 사람들을 사랑하고 격려하는 일에 자신의 삶을 바치고 있었다.

그가 자리를 떠나면서 리처드에게 말했다. "기뻐하지 않는 매일은 잃어버린 날이라네. 다시는 그런 날을 만들지 말게!" 리처드는 기뻐하는 것 말고는 다른 선택의 여지가 없었다.

****

리처드는 감옥 안에서 한 달에 한 번 정도 작은 소포를 받을 수 있었다. 대부분이 친구와 이웃들이 보내 주는 낡은 옷과 음식들이었다. 그 소포 안에는 스트렙토마이신 100그램이 숨겨져 있었다. 이 약은 결핵으로 고통받는 사람에게 꼭 필요했다. 리처드는 자신이 약을 먹는 대신 4번방에 남아 있는 사람들을 떠올렸다. 그는 스트라바트 장군에게 물었다.

"제게 스트렙토마이신 100그램이 있는데, 지금 4번방에서 이 약이 제일 필요한 사람이 누구일까요?"

"술타니우크Sultaniuc인 것 같습니다." 장군이 대답했다.

스트라바트는 리처드의 부탁으로 술타니우크에게 약을 전달하러 갔다. 잠시 후에 돌아온 장군의 손에는 여전히 약이 들려 있었다. 장군은 그가 파시즘(Fascism, 국가를 최우선으로 하고 개인의 자유와 권리를 제한하는 정치적 이념이에요.-편집자 주)의 적에게는 아무것도 받지 않겠다며 약을 거절했다고 전했다.

리처드는 자리에 앉아서 술타니우크에게 약을 전할 방법을 생각했다. 그때 멀리 앉아 있던 조시프Josif가 보였다. 그는 괜찮은 청년이지만 어떤 종교도 싫다고 했고, 리처드에게 "하나님을 싫어해요"라고 말한 적도 있었다. 아마 술타니우크는 조시프를 파시스트(Fascists, 파시즘을 따르는 사람을 칭해요.-편집자 주)로 생각할 수도 있을 것이다.

리처드는 조시프를 불러 술타니우크에게 약을 전달해 달라고 부탁했다. 조시프는 이해가 안 된다는 얼굴을 하며 말했다.

"당신도 이게 필요하지 않나요?"

"맞아, 하지만 그가 더 필요해. 다른 파시스트가 줬다고 말해. 그럼 받을 게다."

5분 후, 조시프가 돌아왔다. 술타니우크는 여전히 그 약이 리처드가 보낸 거라고 의심하고 있었다. 그가 약을 받도록 하는 유일한 방법은 리처드가 보낸 게 아니라고 믿게 하는 거였다. 리처드는 웃으며 말했다.

"이 약은 내 것이 아니라 하나님께 속한 것이야. 가서 내 말을 다시 전해 보렴."

조시프는 어리둥절해하며 약을 다시 가져갔다. 그때 알데아 박사가 리처드의 감방 안으로 들어와서 그의 상태를 살폈다.

"지금 당신의 상태는 나쁘지 않아요, 리처드. 그렇지만 스트렙토마이신을 얻을 수 있다면 당신이 꼭 먹어야 해요."

그때 조시프가 돌아왔다.

"잘 됐어요. 그가 결국엔 받았어요."

알데아 박사가 의심스러운 눈길로 리처드를 바라봤다. "당신 둘, 무슨 일을 벌인 거요?"

리처드가 말했다. "내가 스트렙토마이신을 술타니우크에게 줬어요."

곁에서 듣던 스트라바트 장군은 리처드의 행동을 믿을 수 없었다. 그가 거짓말을 하는 것 같았다. 이때 조시프가 건너편에서 리처드를 자랑스러워하며 말했다.

"거짓말이 아니에요. 그의 행동은 사랑의 행동이었어요." 조시프에게도 조금씩 하나님의 복음이 전해지고 있었다.

****

또 한 주가 지나고 리처드는 심각한 치통으로 고생하고 있었다. 그때 좋은 소식들이 치료제 역할을 했다. 첫 번째, 사비나가 감옥에서 풀려났다. 하지만 편지는 그녀가 아직 루마니아의 수도인 부쿠레슈티에 잡혀 있다고 말했다. 두 번째, 미하이가 곧 아버지를 방문하는 게 가능하다고 했다. 리처드가 미하이를 마지막으로 본 게 9살 때였다. 그는 15살이 된 아들이 자신을 못 알아볼까 봐 걱정이 됐다.

며칠 뒤, 리처드는 떨리는 마음을 안고 복도를 내려가 문을 지나서 빽빽한 쇠창살로 분리된 방 안에 들어섰다. 건너편에 앉은 방문자의 얼굴이 일부분만 보였다. 리처드의 심장은 빠르게 뛰었다.

"내 아들아, 어디 있는 거니?"
"아버지!"

미하이는 2개로 나뉜 방 안에서 최대한 말을 많이 하려고 노력했다.

"어머니는 아버지가 감옥에서 돌아가시더라도 우리 모두 천국에서 만날 거니까 슬퍼하면 안 된다고 말씀하셨어요."

힘이 되는 첫 마디에 리처드는 미소 지었다. 그는 겨우 힘을

내어 가족에 대해 물어봤다.

"어머니는 어떠시니. 먹을 음식은 충분하니?"
"어머니는 잘 계세요. 그리고 우리 아버지는 매우 부자세요."

리처드는 미하이가 하나님 아버지에 대해 이야기하고 있다는 것을 알았다. 하지만 간수들은 범브란트의 부인이 남편을 버리고 재혼했다고 생각하며 비웃었다. 미하이는 남은 면회 시간 동안 이런 식의 종교적인 암호로 말을 했다. 리처드는 생각했다. '미하이를 보고 목소리를 들으니 너무 좋구나. 그리고 모두 잘 지내고 있다니. 하나님 감사합니다!'

두 사람은 다시 만날 것을 약속하며 짧은 만남을 뒤로 하고 헤어졌다. 하지만 미하이가 감옥에 허락된 마지막 방문자였다. 규정이 완전히 바뀌었다. 이후 더 이상의 편지도, 소포도, 방문자도 없었다.

****

리처드와 폼이 마당에서 이야기를 나누고 돌아오는 길이었다. 그때 누군가 괴롭게 신음하는 소리가 들렸다. 리처드가 모퉁이를 돌았을 때, 누더기 더미가 바닥에 놓여 있는 것을 발견했다. 순간 누더기가 움직였다. 리처드가 누더기를 걷어내고 불안에 가득 찬 눈으로 들여다봤다. 누더기 속에 있던 사람은 보리스였다. 재교육 당시 동료 죄수들을 괴롭혔던 그였다. 그의 등은 말라서 굳은 피와 찢긴 상처들로 가득했다. 그는 배신자라는 이유로 다른 죄수들의 공격을 당한 게 분명했다.

그때 죄수들 무리가 운동을 마치고 돌아오다가 누워 있는 보리스를 발견했다. 모두가 보리스에게 주먹질과 발길질을 했다. 리처드와 폽은 성난 사람들 틈에서 보리스를 들어 올려 4번방으로 데려갔다. 그리고 한 주 동안 보리스를 씻기고, 먹이고, 기도하며 보살폈다. 리처드는 용서의 메시지로 그를 평안하게 해 줬다. 마지막 밤이 다가왔다. 리처드가 열을 재려고 보리스의 머리를 짚었을 때, 보리스가 갑자기 벌떡 일어나 소리쳤다.

"하나님, 저를 용서해 주세요." 그리고 보리스는 숨을 거뒀다.

날이 밝고 나이 든 신부가 4번방에 와서 보리스의 장례의식을 진행했다. 그리고 다음 날 리처드는 폽에게 작별 인사를 했다. 리처드가 다시 옮겨질 시간이었다. 다른 감옥이 그를 기다리고 있었다. 세르게이와 알렉시가 4번방 쇠창살 너머로 손을 흔들며 소리쳤다.

"잘 가요, 리처드. 고마웠어요!"

알데아 박사가 리처드를 차까지 데려다줬다. 기차역에서 죄수들이 무리 지어 짐칸에 실렸다.

"얼마나 많은 감옥에 가게 될까?" 리처드가 스스로에게 물었다.

그들은 기차에 실려 산과 강, 들판과 시내를 지나갔다. 아름다운 여름날이었다.

마침내 얻은 자유

망치가 리처드의 발목을 묶고 있던 쇠사슬을 내리쳤다. 쇠사슬이 산산 조각났고 그는 깊고 어두운 복도로 들어갔다. 리처드는 20명쯤 되는 사람들과 함께 어두운 방안으로 밀어 넣어졌다. 귀가 멀 듯한 고함 소리가 그들을 맞았다.

"안 돼. 저 사람들을 내보내. 더 이상 자리가 없어. 저 사람들이 들어올 자리가 여긴 없다고."

냄새가 심하게 났다. 땀과 배설물이 바닥에 가득했고, 바닥에 깔린 지푸라기는 썩어 있었다. 리처드는 누군가의 다리에

걸려 바닥에 넘어졌다. 눈이 어둠에 익숙해지자 바닥에 누워 있거나, 벽에 기대 있는 남자들이 보였다. 그곳에는 조금의 여유도 없이 사람이 꽉 차 있었다.

리처드는 썩은 공기 때문에 기침을 했다. 감방 안의 모든 사람이 숨을 헐떡였다. 숨 쉬는 것이 전쟁이었다. 밖으로 나갈 수 있는 유일한 기회는 오물통을 비우러 가는 때였다. 수백 명의 몸이 하나의 큰 고통으로 함께 묶여 있었다. 리처드는 혼자 앉을 자리를 찾을 수 없었다. 겨우 자리를 잡으면, 그가 오물통을 비우러 간 사이에 누군가 그의 자리를 차지했다.

"여기 있는 모든 것들이 고통을 주기 위해 있는 것 같아. 고통받는 게 생활이야."

리처드는 중얼거리는 소리가 들리는 쪽을 향해 고개를 돌렸다. 목소리가 다시 들렸다.

"여긴 햇빛도 없고, 창문도 없어. 햇빛이 우리에게 조금이라도 비치면 좋겠어. 하지만 이곳에서는 그 작은 희망도 허락되지 않아."

리처드는 목소리가 정확히 어디서 들리는지 알 수 없었다. 다시 움직이는 소리가 나고 지푸라기가 그의 왼쪽에서 살짝 움직였다. 리처드는 대화를 시작하기 위해 지푸라기 더미에 대고 말했다.

"내 이름은 리처드 범브란트입니다. 당신의 이름은 무엇입니까?"

"내 이름은 더 이상 중요하지 않아요. 당신의 이름을 계속 간직하고 싶다면 그렇게 해요. 하지만 여기서는 곧 상관없게 될 거예요."

리처드는 혼란스러웠다. 하지만 이야기를 계속했다. "여기에는 왜 들어왔습니까?"

"내 아들이 비밀경찰에게 내가 부엌에서 정치적인 모임을 갖는다고 말했어요. 그런데 경찰들은 이 사건에 대해 더 조사하지 않았어요. 내가 여기 있는 진짜 이유는 공산주의자 아들이 내게 원한을 품었기 때문이라고 생각합니다. 나도 당신에게 같은 질문을 하고 싶군요. 그러는 당신은 왜 이 악의 구렁텅이로 들어온 거요?"

리처드가 대답했다. "나는 기독교인입니다."

목소리가 그의 말을 끊고 말했다. "그럼 당신은 진짜 믿음을 갖고 그 사실을 전하는 일을 하는 사람이겠군요."

"네, 그렇습니다. 당신은 놀란 것 같군요."

"맞아요. 왜냐하면 당신 같은 일을 하는 사람들이 지금 여기에도 많거든요."

방의 다른 쪽에서 작은 움직임이 눈에 들어왔다. 리처드는 어둠 속을 자세히 살폈다. 비쩍 마른 손 하나가 그를 가리키며 물었다. "하나님을 사랑합니까?" 리처드가 대답했다. "네, 나는 하나님을 사랑합니다. 그게 내가 여기 있는 이유입니다."

지치고 상한 얼굴이 모습을 드러냈다. "당신이 여기 있는 이유가 분명하군요. 예수 그리스도가 공산주의자들의 적이지요. 당신은 그리스도의 군병이며, 전쟁 포로예요. 아마도 하나님께서 당신을 여기 있게 하신 이유가 있겠죠? 그분은 그분만의 목적을 갖고 계시니까요."

리처드는 자신이 혼자가 아니라는 사실을 알게 되어 기뻤다. 예수님의 교회는 어둡고 냄새나는 감방 안에서도 여전히 살아 있었다. 그리고 2-3명의 사람이 예수님의 이름으로 모인 곳에 예수님도 함께 계셨다. 리처드는 혼자가 아니었다.

몇 주가 지나자 리처드는 냄새와 어둠에 익숙해졌다. 그리고 죄수들에게 훌륭한 이야기를 들려줬다. 리처드는 줄곧 핍 Pip이라는 도둑에 대한 이야기를 했다. 핍은 법을 빠져나가는 데 선수였다. 핍은 낮에는 동굴 안에 숨어 있다가 밤이면 온 나라를 돌아다니며 돈과 물건 등을 훔쳤다. 사람들은 리처드의 이야기에 푹 빠졌다.

> 젊은 핍이 한번은 여관 여주인에게 엄청나게 큰돈을 맡겼다. 긴 여행에서 돌아오는 길에 그는 여관 여주인에게 돈을 돌려달라고 했다. 그런데 주인은 이미 돈을 다 쓴 상태였다. 화가 난 핍은 주인의 심장을 칼로 찔렀다. 그리고 이후 몇 년 동안 돈을 잃은 데 대한 깊은 분노로 36명의 여관 여주인을 죽였다. 그러다 핍과 그의 친구들은 자신들이 여자들을 그리워하고 있다는 사실을 깨달았다. 핍은 가까운 마을에서 부인 한 명을 납치

> 했다. 그날 밤 나머지 도둑들은 마을을 샅샅이 뒤져서 불쌍한 어린 여자 몇 명을 끌고 왔다.

리처드의 이야기는 이때부터 보통 도둑 이야기에서 다른 방향으로 흘러갔다. 잡혀 온 여자들은 환상적인 모험과 사랑 이야기를 하며 자신들을 납치한 사람들의 정신을 어지럽혔다. 그리고 그들 중 한 여자가 전한 복음 이야기에 두목인 핍과 모든 도둑이 예수님을 믿게 됐다. 이야기는 이렇게 끝이 났다. 모두가 환호를 하는 중에 한 사람이 키득대며 웃었다.

"당신의 이야기는 내가 들었던 다른 이야기들과 달라요. 항상 범죄자들, 피해자들, 경찰들 모두가 함께 교회로 가면서 끝이 나네요. 그러면 이 기적에 대해서는 어떻게 설명하겠습니까? 당신이 믿는 예수님께서 물을 포도주로 바꾼 일 말입니다. 그런 일이 가능하다고 믿나요?"

리처드가 대답하려고 하자, 작고 늙은 남자가 먼저 말했다. "예수님께서 물을 포도주로 바꿨다는 사실은 증명할 수 없지만, 어떻게 그가 포도주를 가구로 만들어 버렸는지는 말할 수 있지. 내가 젊었을 때, 나는 매일 밤 모든 종류의 술을 마셨어. 내가 가진 모든 돈을 낭비했지. 가족들이 먹을 음식을 살 돈도 없고, 집에 제대로 된 가구 하나도 없었지. 그때 내가 예수님을 알게 됐어. 우리는 친구가 됐고, 그분을 따르며 술도 끊었어. 지금 내 아내는 필요한 가구를 모두 갖고 있어. 이게 예수님께서 포도주를 가구로 바꾼 이야기야."

그때 감방 문이 열리면서 교도관의 말소리에 이야기가 중단됐다.

"범브란트! 다른 감옥으로 옮긴다!" 리처드는 재빨리 감방 밖으로 인도됐다.

그 순간 누군가 조용한 목소리로 중얼거렸다. "이제 누가 우리에게 이야기를 해 주지?"

****

리처드는 새로운 감방에서 모르는 죄수들과 함께 있었다. 계속 옮겨 다니는 것은 매우 피곤했다. 겨우 사람들과 편해지면, 또 다른 사람들과 다시 적응해야 했다. 그때 늙은 농부 하나가 리처드에게 다가와서 그의 팔을 팔꿈치로 찌르며 여기에 좋은 의사가 있다고 말했다.

리처드는 곧 의사인 마리나Marina 박사를 만났다. 모든 죄수들이 그녀를 사랑했다. 그녀는 젊었고 사람들을 불쌍하게 여기는 마음을 갖고 있었다. 감방 안의 리처드와 다른 기독교인들은 모두 그녀의 개종을 위해 기도했다.

어느 날 저녁, 마리나 박사는 슬픈 얼굴로 앉아 있는 리처드를 발견했다. 사실, 얼마 전에 리처드가 있는 곳에 사비나가 면회를 온다는 소식이 전해졌다. 약 8년 만에 만나는 아내였다. 리처드는 떨리는 마음을 주체할 수 없었다. 하지만 그렇게 기다렸던 그녀와의 만남은 쉽지 않았다. 얼굴도 볼 수 없었고, 대화도 마음껏 할 수 없었기 때문이다. 간수들의 방해로 결국 그들의 만남은 금방 끝나 버렸다.

이를 보고 안쓰러웠던 마리나 박사는 리처드를 자신의 수술실로 데려갔다. 수술실은 작지만 깨끗했다. 감옥 관계자들이 마리나 박사에게 마련해 준 곳이었다. 리처드는 지금이 공산주의자들을 피해 설교하기 적당한 때라고 생각했다.

"마리나 박사, 오늘은 성령강림절입니다."

"오, 그래요? 그게 무슨 날이에요?" 마리나가 리처드의 마음을 읽은 듯 궁금한 눈으로 쳐다봤다.

리처드는 계속 이야기했다. "성령강림절은 수천 년 전에 하나님께서 우리에게 십계명을 주신 날이에요."

그때 간수 한 명이 모퉁이를 돌아 나타났다. 재빨리 리처드는 이야기 주제를 바꿨다. "마리나 박사님, 숨을 쉴 때마다 가슴이 아파요."

간수가 돌아간 뒤 리처드가 이야기를 계속했다. "성령강림절은 또한 성령이 제자들에게 내려온 날이기도 합니다." 또다시 발자국 소리가 들렸다. 리처드는 다시 이야기를 멈추고 불평을 시작했다. "밤에 잘 때 등이 너무 아파서 자꾸 깨요. 고통이 너무 심해요."

박사는 리처드가 무엇을 하는지 알아챘다. 간수가 돌아간 뒤 리처드는 다시 이야기를 시작했다. 그 뒤로 한 시간 동안 두 사람은 성경 이야기를 나눴다.

리처드와 마리나는 이런 식으로 수술실에서 몇 주를 보냈다. 결국 마리나는 예수님을 기쁘게 받아들였고, 뿐만 아니라 죄수들의 든든한 친구가 됐다. 그녀는 위험을 감수하며 사람들을 돕기 시작했다.

****

어느 따뜻한 봄날 저녁, 리처드는 늙은 농부와 함께 앉아 있었다. 그 둘은 아무 말 없이 창문 밖을 바라보고 있었다. 그때 늙은 농부가 그의 팔을 쿡 찌르며 창문틀에 놓인 제비집을 가리켰다.

"새끼 몇 마리가 부화했구려. 새끼들이 지저귀는 소리를 지금 처음 듣는 거라오. 부모 새들은 이쪽저쪽 날아다니며 부리로 지렁이들을 물어 오는구려. 그거 알고 있소? 새끼들은 21일 안에 하늘을 날 거요."

리처드는 날짜를 세어 보기로 결정했다. 제비들은 21일째 정말로 하늘을 날았다. 리처드는 생각했다. '어쩌면 하나님께서 그들의 시간표를 정해 놓으셨는지도 몰라. 이 작은 새들을 위해서 그러셨다면, 나를 위해서도 똑같이 하실 거야. 21일 안에 나는 집에 갈지도 몰라.'

몇 주 후에 교도관이 와서 리처드를 심문실로 데리고 갔다.

"범브란트, 너는 자유다."

모든 서류가 작성되고 서명까지 마친 후, 리처드는 누더기를 걸친 채 감옥 밖으로 쫓겨났다.

 집으로

리처드는 포장된 도로에 서서 자신의 발을 내려다봤다. 이곳이 어디인지 확신할 수 없었다. 한 무리의 소녀들이 길 건너편에서 그를 보며 키득거렸다. 그는 한 발짝 내딛고 멈춰 서서 벌레가 윙윙거리는 소리, 어린아이들이 노래하는 소리, 시장에서 나는 소리들에 귀를 기울였다. 그의 신발이 깨진 포장도로 위를 걸었다. 리처드는 루마니아 인민정부에서 풀려났다.

리처드는 어안이 벙벙했다. 아름다운 거리를 걸으면서 그의 감각들은 매우 분주해졌다. '저 나뭇잎 좀 봐, 너무 완벽하고 푸르러. 내가 이걸 만지고 이 부드러움을 느끼는데도 나를 혼내는 사람이 없다니!'

리처드는 멈춰 서서 사람들을 쳐다봤다. 그는 자신이 걸친 죄수복 때문에 부끄러웠지만, 그들에게서 눈을 뗄 수 없었다. 한 남자가 그를 향해 걸어왔다. 그는 동전이 가득 든 주머니를 들고 있었다. "혹시 저 감옥에서 나오시는 거예요?" 리처드가 고개를 끄덕였다. 그는 동전이 든 주머니를 리처드의 손에 쥐어 줬다. 리처드는 이 아름다운 꿈에서 깰까 봐 무서워졌다.

이번엔 한 여자가 급하게 그에게 다가왔다. 그녀가 감옥이 있는 쪽을 가리키며 물었다. "혹시 저 감옥에서 나오시는 거예요?" 리처드가 끄덕였다. 여자는 그의 손에 동전 몇 개를 꼭 쥐어 줬다. 리처드는 이전에 받은 돈을 보여 주며 거절하려 했지만 여자는 돈을 주고 가 버렸다.

전차가 부쿠레슈티의 바쁜 거리를 이리저리 다니고 있었다. 리처드는 가게 안을 들여다보고 시장의 노점상들을 바라보며 돌아다녔다. 리처드는 선반에 놓여 있는 온갖 탐스러운 과일들도 바라봤다.

드디어 전차 정거장을 발견했다. 정거장에 있던 많은 사람이 그를 알아보고 웃으며 축하해 줬다. 어떤 사람들은 자신들의 친구나 아는 사람의 소식을 물어보기도 했다. 대부분 감옥에 아는 사람이 있었다. 리처드는 영웅처럼 대우받았다. 리처드가 전차에 올라타자 전차 운전사와 사람들이 큰 환호를 보냈다.

전차가 움직이기 시작할 때 한 사람이 소리쳤다. "멈춰요, 멈춰!"

문이 열리고 몸집이 작은 여자 한 명이 커다란 딸기 바구니를 갖고 급히 전차에 올라탔다.

"오, 고마워요, 기사님. 놓친 줄 알았어요." 그녀는 리처드 옆에 털썩 앉았다. "정말 정신없이 뛰어왔어요. 저는 항상 제가 타야 할 전차 시간에 늦는다니까요. 고쳐지지 않아요."

그녀는 쉬지 않고 수다를 떨다가 갑자기 조용해졌다. 그리고 리처드의 옷을 보고 몹시 놀랐다. 그녀는 리처드의 눈이 향하는 곳을 쫓다가, 그가 간절한 눈으로 그녀의 무릎 위에 있는 딸기를 바라보는 것을 알아챘다.

"마지막으로 딸기를 먹은 게 언제예요?"

리처드가 눈물을 참으며 말했다. "약 8년 동안 먹지 못했어요."

그녀는 리처드에게 크고 탐스러운 딸기 한 주먹을 줬다. 리처드는 그녀에게 고맙다고 말하고 입 안 가득 딸기를 넣었다.

****

전차가 정거장에 멈추려고 속도를 낮추자, 리처드는 창문 밖을 내다봤다. 그가 운전기사에게 소리쳤다.

"여기서 내려야 돼요!"
"알겠습니다, 선생님. 집에 오신 걸 환영합니다."

리처드는 전차에서 내렸다. 그리고는 그 자리에 서서 그에게 웃어 주고, 격려해 주고, 행운을 빌어 주는 사람들에게 손을 흔들었다. 전차에 탄 사람들은 더 이상 보이지 않을 때까지 리처드를 바라봤다.

리처드는 마침내 집에 도착했다. 하지만 너무 긴장돼서 현관문을 열 수가 없었다. 안에서 바쁘게 움직이는 소리가 들렸다. 리처드는 다가서서 손잡이를 돌려 문을 열었다. 거실에 있던 청년들이 죄수복을 입고 문가에 서 있는 늙은 남자를 쳐다봤다. 그중 한 소년이 소리쳤다.

"아버지!"

거실에 있던 미하이가 달려 나오며 리처드의 품에 안겼다.

"어머니! 아버지예요! 아버지가 돌아오셨어요!"

미하이가 외치는 소리를 듣고 사비나가 부엌에서 뛰쳐나왔다. 리처드는 두 팔로 사비나를 꼭 안았다. 그때 감옥에서 여전히 고통받고 있을 기독교인 친구들이 생각났다. 리처드는 그들과 함께 기도하고, 울고, 싸우고, 웃던 시간들을 생각했다. 리처드가 사비나의 귀에 부드럽게 속삭였다.

"내가 처한 상황이 불행에서 행복으로 변했다고 생각하지 말아요. 나는 감옥에서 예수님과 함께하는 기쁨을 누렸어요. 이제 내 가족 안에서 예수님과 함께하는 기쁨을 누리러 돌아온 거예요."

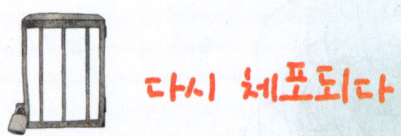

다시 체포되다

교회들은 문을 닫거나 클럽, 박물관, 식료품점 등으로 바뀌어 있었다. 이것은 루마니아 정부의 새로운 7년 계획이었다. 리처드는 공산주의자들과 타협할 수 없었기 때문에 조만간 다시 체포될 것을 알았다. 하지만 그 시간이 되도록 늦게 오기를 간절히 바랐다.

하루는 저녁 식사 후에 리처드와 사비나가 함께 기도하고 있었다. 리처드는 모든 것을 하나님 앞에 내려놓았다.

"하나님, 만약 감옥에 제가 도와야 할 사람이 있다면, 저를 다시 보내 주세요. 제가 기꺼이 가겠습니다. 그를 돕고 주

님께로 이끌겠습니다." 사비나는 잠시 멈췄다가 말했다. "아멘." 마음속에서 기쁨이 흘러넘쳤다. 그들은 둘 다 곧 하나님을 완전히 섬기게 될 거라는 사실을 알았다.

1959년 1월 5일 새벽 1시에 그 기회가 찾아왔다. 초인종 소리에 집안의 모든 사람이 잠에서 깼다. 군화를 신은 요원들이 쿵쾅거리며 계단을 올라오는 소리가 들렸다. 옷들이 바닥에 내팽개쳐지고, 주머니를 검사당하고, 서랍들이 열렸으며, 문서를 압수당했다.

****

검은 차가 밖에서 기다리고 있었다. 죄수는 어두운 정장을 입은 요원들 사이에 끼어 차에 태워졌다. 리처드가 또 다른 감옥에 던져지기까지는 그리 오래 걸리지 않았다. 하지만 곧 리처드의 기도가 응답받았다. 한 늙은 죄수가 한탄하는 소리가 들렸다. 그는 마음에 무거운 짐을 지고 있었고, 그것을 떨쳐내야 했다. 리처드는 집중해서 들었다.

"내 아버지는 술주정뱅이였는데, 어느 날 가족들이 모아 놓은 돈을 갖고 사라졌지. 그리고 나는 파시스트가 됐어. 왜냐하면 제복이 멋있었고, 그 모습을 여자들이 좋아했거든. 공산주의가 힘을 갖게 되자 그들은 나를 감옥에 넣어 버렸어. 하지만 그들은 내가 만약 다른 죄수를 때리면 풀어 주겠다고 했지. 나는 그들을 믿었고, 다른 죄수를 때렸어. 지금 나는 명령에 복종했다는 이유로 사형을 선고 받았어. 하지만 난 사형을 받을 만 해, 정말로⋯."

리처드는 그의 죄책감을 없애 주기로 결심했다. "사람들은 모두 죄인입니다. 하지만 예수님께서 당신의 죄를 대신 지셨어요. 예수님께서 조건 없이 주시는 용서를 받아들이세요."

모든 죄수가 그의 말을 받아들인 것은 아니었다. 종종 거친 사람들 때문에 곤란한 일이 생기기도 했다. 그들은 리처드의 말이 주는 양심의 가책과 고통을 참을 수 없었다.
어느 날 저녁, 리처드는 몇 명의 남자를 모아서 조용히 설교를 시작했다. 그런데 화가 난 동료 죄수 무리가 그를 감방 한 가운데서 때렸다. 간수 한 명이 문을 통해 소리치자 그제야 무리가 흩어졌다. 리처드는 심문실로 끌려갔다. 하지만 그는 자신을 때린 사람들에 대해 아무 말도 하지 않았다. 대신 이렇게 말했다.

"기독교인으로서 난 나의 원수들을 사랑하고 용서합니다."

그 일이 있고 나서부터 동료 죄수들은 리처드를 신뢰하고 따르기 시작했다. 때문에 리처드는 자유롭게 설교할 수 있었고, 이를 듣고 많은 죄수가 하나님의 사랑을 알게 됐다.
다시 감옥에 갇힌 지 몇 달이 지났다. 리처드는 고문과 더러움, 지루함으로 가득한 일상을 견딜 수 없었다. 한 번 풀려났던 경험 때문에 더 힘들었다. 하지만 리처드는 하나님께서 그를 감옥에 두신 이유가 있다는 사실을 알고 있었다. 그곳엔 할 일이 있었고 리처드는 그 일을 했다. 그는 밤마다 하나님께 기도하며 이렇게 고백했다.

"저는 이 감옥에 있는 하나님의 사람입니다. 저는 당신을 위해 살겠습니다."

며칠 뒤 아침, 리처드는 감옥으로 걸어 들어오는 사람을 보고 깜짝 놀랐다. 바로 폼이었다. 그는 매우 아파 보였다. 리처드는 폼의 팔을 잡고 그가 누울 수 있게 도왔다.

"폼, 왜 내 편지에 답장하지 않았는가? 20통도 넘게 썼는데."

폼이 대답했다. "감옥에서 나왔을 때, 나는 자유를 누리느라 너무 바빴다네. 난 맥주를 마시며 내가 가진 돈을 전부 썼고, 아내를 버리고 젊은 여자를 만났어. 그리고 나는 후회했지. 자네와 이야기하고 싶었지만 자네는 너무 멀리 있었어."

다음 날 죄수 중 한 명이 폼에게 시비를 걸었다. 화난 폼이 그의 멱살을 잡았다. 그 즉시 간수들이 들어와서 폼을 바닥에 눕히고 때렸다. 다음 날 아침, 폼은 죽었다.

****

이후 감옥의 분위기는 더 나빠졌다. 모든 죄수는 강제로 공산주의 강의에 참석해야 했다. 몇 시간 동안 서서 거짓말들을 듣고 또 들어야 했다.

어느 날 복도에 설치된 스피커에서 "지지직" 소리가 흘러나왔다.

"공산주의는 좋다, 공산주의는 좋다, 공산주의는 좋다."

10분 후에 같은 소리가 들렸다. 3시간 후에도 들렸다. 밤 10시에도, 새벽 3시에도, 아침 6시에도, "공산주의는 좋다, 공산주의는 좋다, 공산주의는 좋다"라는 소리가 들렸다. 그렇게 24시간 내내 세뇌를 했다.

어떤 사람이 비명을 질렀다. "얼마나 계속되는 거야? 더 이상 참을 수 없어."

"조용! 모두가 믿을 때까지 계속될 거야."

이튿날, 감옥에서 연극이 공연됐다. 물론 죄수들의 오락거리로 준비된 게 아니었다. 극 전반에 걸쳐 기독교를 조롱하는 내용이 공연됐다. 간수들과 관계자들은 고개를 젖히고 웃어댔다. 마지막에는 모든 죄수가 앞에 나와 연극에 대한 감상을 말해야 했다. 그들은 억지로 연극이 좋았다고 말했다. 리처드의 차례가 됐다. 그는 사람들 앞에 서서 말을 시작했다.

"지금은 주일 아침이고, 우리가 사랑하는 사람들은 지금 교회에서 우리를 위해 기도하고 있습니다. 그런데 우리는 이 연극을 봐야 합니다. 예수님을 반대하고 비웃는 공산주의자들이 만든 연극을 말입니다. 하지만 공산주의는 기독교에서 좋아 보이는 모든 것을 가져와 만든 것입니다. 그러니 공산주의자들은 하나님께 심판을 받을 것입니다." 리처드는 고개를 돌려 강당 건너편에 있는 시장을 봤다. "시장, 당신도 심판을 받을 것입니다!"

죄수들이 환호성을 보냈다. 휘파람과 승리의 외침이 강당 전체를 울렸다. 말을 마친 리처드는 즉시 끌려가서 채찍질을 당했다. 그때 지나가던 간수 한 명이 사비나가 지금 감옥에 있다는 말을 전하며 비웃었다. 그날 밤, 스피커에서 다시 소리가 들렸다.

"기독교는 바보 같다, 기독교는 바보 같다, 기독교는 바보 같다. 왜 포기하지 않는가? 왜 포기하지 않는가? 왜 포기하지 않는가? 이제 아무도 예수를 믿지 않는다, 이제 아무도 예수를 믿지 않는다, 이제 아무도 예수를 믿지 않는다."

"나는 믿는다! 나는 믿는다! 나는 믿는다!" 리처드가 외쳤다.

****

간수 하나가 말했다. "범브란트는 좀 힘들어. 이번에는 다른 방법을 시도해 봐. 여름에 뜨거운 방에 묶어 놓는 건 통하지 않았어. 고문, 채찍질, 아무것도 안 통해. 다음에는 뭘 하지?"

"그를 간수 방으로 데려와. 내가 만나서 이야기해 볼게." 다른 간수가 말했다.

간수는 리처드를 깨끗하고 밝은 방으로 데려갔다. 방은 아름다웠다. 가죽 팔걸이 의자들, 책상, 꽃들 그리고 신문이 있었다. 리처드는 의자에 몸을 웅크리고 흐느꼈다. 간수는 그를 보고 딱 맞는 방법을 찾았다고 확신했다. 그는 리처드가 몸을 웅크리고 있는 의자 옆으로 와서 말했다.

"네가 기독교를 포기하면 가질 수 있는 것들을 좀 봐."

리처드는 벌떡 일어서서 신문을 집어 들고 말했다. "공산당 언론사에서 인쇄됐고 날짜는 서기(예수님이 탄생한 해를 원년으로 삼는 서력의 기원이에요.-번역자 주) 1963년이군. 이건 즉 당신 말에 따르면 존재한 적 없던 누군가가 태어난 지 1963년이 됐다는 말이로군요. 당신은 예수님을 믿지 않지만 그의 생일이 당신의 모든 출판물에 새겨져 있습니다!"

리처드는 감방으로 돌아왔다. 스피커가 다시 "지지직" 소리를 냈다.

"기독교는 죽었다, 기독교는 죽었다, 기독교는 죽었다. 이제 아무도 너를 사랑하지 않는다, 이제 아무도 너를 사랑하지 않는다, 이제 아무도 너를 사랑하지 않는다. 기독교는 죽었다, 기독교는 죽었다, 기독교는 죽었다."

****

"대모임이 강당에서 있다. 빨리 걸어가. 어서 나가!"

리처드와 감방 사람들이 큰 강당으로 향했다. 시장이 사람들을 쳐다보고 있었다. 그는 인상을 찡그리며 토해 내듯 말했다.

"정부가 모든 정치범을 석방하라고 명령했다. 이상."

감방에 돌아온 사람들 모두 이것이 함정이라는 데 동의했다.

****

리처드는 감방 안을 서성이며 작은 목소리로 노래를 흥얼거리고 있었다. 갑자기 문이 열렸다.

"범브란트, 짐 챙겨라. 너는 이제 자유다."

강당을 지나고 문을 넘어, 리처드는 다른 죄수들과 함께 배에 올라탔다. 주위를 둘러보자 혼란스러운 얼굴들이 많이 보였다. 한 손이 그의 어깨를 가볍게 두드렸다. 리처드가 미소

지으며 그와 악수하기 위해 돌아봤다.

"만나서 정말 반갑습니다, 형제님. 잘 지내세요?"
"저도 이제 막 감옥을 나왔어요. 사실 당신 아들의 건강이 오래전부터 좋지 않다는 말을 들었어요. 우리는 같은 감방에 오랫동안 같이 있었어요."

리처드는 충격으로 바닥에 주저앉을 뻔했다. 리처드를 담당했던 간수가 그 곁을 지나가며 웃었다. 리처드는 이내 정신을 차리고 전화기를 찾았다. 그는 초조하게 전화번호를 눌렀다. 신호음이 울렸다. 드디어 누군가 전화를 받았다. 사비나였다.

"사비나, 나 리처드예요. 난 당신이 감옥에 있는 줄 알았어요." 수화기 너머에서는 아무 소리도 들리지 않았다. 잠깐의 정적이 흐른 후, 갑자기 멀리서 신음소리가 들렸다. "무슨 일이에요, 사비나? 괜찮아요? 사비나!"

미하이가 전화를 받았다. "아버지? 아버지, 어머니는 괜찮아요. 잠깐 기절하셨어요. 걱정하지 마세요."

"미하이, 나는 네가 감옥에 있는 줄 알았는데?"
"우리는 아버지가 돌아가신 줄 알았어요!"

리처드는 그제야 모든 게 공산주의자들의 마지막 함정이었다는 사실을 깨달았다.

그날 저녁에 리처드가 탄 기차가 부쿠레슈티 한쪽 선로에 들어섰다. 리처드는 창문을 내리고 몸을 내밀어 미친 듯이 손을 흔들었다. 승강장 전체가 크게 환호했다. 사람들은 리처드에게 꽃을 전했다. 사비나는 그 한가운데서 미소 짓고 있었다.

"당신이 죽었다고 들었지만 나는 절대로 믿지 않았어요. 나는 그를 기다릴 거라고 말했어요. 그리고 그가 여기 있네요. 내 남편이 집에 왔어요. 집에 온 걸 환영해요, 내 사랑."

****

리처드와 그의 가족은 석방된 그다음 해에 루마니아를 떠나 미국으로 가도 된다는 허락을 받았다. 리처드는 생각했다. '누군가는 서양의 기독교인들에게 이곳에서 일어나는 일들을 이야기해야 해. 그들도 알아야 하고, 그들도 기도해야 해!'

리처드가 루마니아를 떠나기로 결정된 후 몇몇 젊은 성도와 모임을 가졌다. 그들은 동물원으로 갔다. 리처드는 떠나기 전에 그들에게 기억에 남을 만한 특별한 선물을 주고 싶었다.

입을 크게 벌린 사자가 이빨을 전부 드러내고 큰 소리로 울었다. 사자는 먹이를 날카로운 발톱 사이에 단단히 쥐고 있었다. 한 청년이 돌아서서 웃음을 터뜨렸다. "울타리 바깥쪽에 있는 게 다행이지 않아요, 목사님?" 리처드도 미소 지었다. 그리고 이내 한숨을 쉬었다.

"우리 믿음의 조상들도 이렇게 맹수들에게 던져졌단다. 그들은 기꺼이 죽었어. 왜냐하면 그들은 예수님을 믿었으니까. 너희들도 기독교인이라는 이유로 감옥에 갇히고 고통받는 순간이 올 수도 있단다. 그날을 받아들일 준비가 됐니?"

그들 모두가 눈에 눈물을 글썽이며 대답했다.

"네, 준비됐어요!"

주님과 함께

한 늙은 남자가 활기찬 도시의 길을 걷고 있었다. 그는 혼자였지만, 하나님과 이야기를 나누고 있었다.

"하나님 아버지, 이렇게 아름다운 저녁을 주셔서 감사해요. 햇빛, 따뜻한 온도, 상쾌한 바람 그리고 저에게 주시는 당신의 놀라운 사랑에 감사해요."

그때 갑자기, 그의 눈앞에 자유로운 모습의 젊은 무리가 나타났다. 남자는 그들을 보며 생각했다. '저들은 말할 자유를 갖고 있어. 하지만 그들의 삶에는 하나님을 위한 자리가 없

어. 그들이 원하는 건 오직 즐기는 것과 돈 같은 물질뿐이야.'
그도 한때는 그 무리처럼 하나님을 위한 자리가 없는 삶을 살
던 시절이 있었다. 그는 한숨을 쉬며 중얼거렸다.

"나는 정말이지 거짓말들을 너무 믿었어."

늙은 남자는 정리된 포장도로 위를 성큼성큼 걸어갔다. 그
는 곧 시끌벅적한 소리가 들리는 곳으로 향해 갔고, 다채로운
색깔의 물건들을 진열한 상점들을 만났다. 물건을 파는 사람
들은 아직 많이 남은 시계, 티셔츠, 향수 등을 팔려고 지나가
는 사람들을 향해 다급하게 소리쳤다.

그 앞에서 어린 소녀가 '사랑'에 대한 노래를 부르며, 신나
게 뛰어갔다. 늙은 남자는 그 소녀를 불러 조용하지만 확실하
게 말했다.

"예수님께서 당신을 사랑하세요."

늙은 남자는 마침내 자유롭게 예수님의 사랑을 전할 수 있
게 됐다. 그리고 다시 발걸음을 옮겨 마침내 그가 찾던 것을

발견했다. 기념물은 벽에 붙어 있었다. 거대한 액자에 글자가 정교하게 새겨져 있었다. 그것은 미합중국 헌법이었다. 한쪽에서 기념물을 바라보면 글자들이 보였다. 그리고 다른 각도에서 보면 마법처럼 조지 워싱턴George Washington의 모습이 드러났다.

  늙은 남자는 놀라운 건축물을 바라봤다. '글자들 뒤편에 얼굴이 있어. 내 삶도 이와 같아. 외로움이 가득했던 감옥 생활 뒤편에, 고통 뒤편에, 어려움 뒤편에 항상 예수님이 계셨어. 그분은 항상 내 곁에서 나를 지켜 주셨어. 그리고 우리 모두의 믿음 가운데 우리를 지키시며 함께 계셨어. 극복할 힘을 주시는 나의 주님, 예수 그리스도.'

  리처드 범브란트는 마침내 자유를 되찾았다.

내가 사망의 음침한 골짜기로 다닐지라도
해를 두려워하지 않을 것은 주께서 나와 함께 하심이라
주의 지팡이와 막대기가 나를 안위하시나이다

시편 23:4

더 생각해 보기

1 감옥에서의 시간들

리처드는 하나님을 공개적으로 예배하는 게 금지된 나라에서 살았어요. 여러분은 하나님을 예배하나요? '예배'라는 단어의 의미를 찾아보세요. 여러분이 하나님을 자유롭게 예배할 수 있는 나라에서 태어난 것을 감사하세요. 기도할 수 있고, 성경을 읽고 교회에 갈 수 있다는 것은 축복이에요.

2 죄수들, 걸어가!

리처드가 감옥에 있을 때 그의 아내조차 그가 어디 있는지 몰랐어요. 하지만 하나님은 알고 계셨어요. 시편 139:1-12을 읽어 보세요. 하나님께서 어떻게 여러분에 관한 모든 걸 알고 계시는지 생각해 보세요. 리처드는 그 안에서 평안을 찾았어요. 혹시 이런 사실이 불편하게 느껴지지는 않나요? 불편하다면 그 이유는 무엇인가요?

③ **사비나!**

사비나는 리처드가 기독교인이 됐을 때 화가 났어요. 하지만 하나님은 사비나에게 삶의 공허함과 그녀에게 하나님이 필요하다는 것을 알게 하셨어요. 오늘날 사람들은 무엇으로 자신의 삶을 채우려고 노력하나요? 그들이 정말 행복할까요? 여러분 주변에 하나님을 모르는 이들을 위해 기도하세요. 그리고 여러분의 삶을 통해 그들에게 하나님을 전한다는 것을 기억하세요.

④ **리처드의 손님**

리처드는 두려웠지만, 말씀을 의지하며 하나님의 도우심을 구했어요. 여러분을 두렵게 하는 것은 무엇인가요? 데살로니가후서 3:3, 히브리서 13:6, 베드로전서 5:7을 읽어 보세요. 그리고 시편 56:3, 이사야 12:2을 읽어 보세요. 이제 두려움을 내려놓고, 하나님께서 여러분의 미래를 인도해 주실 것을 믿고 구해 보세요.

⑤ **수많은 질문**

리처드는 어려운 상황에 있을 때도 매일 하나님께 기도했어요. 여러분은 하나님과 대화하기 위한 시간을 정해 뒀나요? 이 시간은 다른 일에 뺏기기 쉬워요. 성경을 읽고 기도

하는 시간을 확실히 정해 보세요. 그리고 여러분이 기도할 사람과 기도 제목을 떠올리기 쉽게 기도일기를 기록해 보세요.

6 죽음과 우울함

리처드는 감옥에서 감당할 수 없을 만큼 힘든 시간을 보냈어요. 점점 우울해지면서 그는 생을 마감하려고 결심했어요. 하지만 하나님은 기도 응답을 통해 그의 영혼을 살리셨어요. 여러분에게 감당할 수 없을 만큼 힘든 일은 무엇인가요? 시편 29:11, 46:1, 고린도후서 12:9-10을 읽어 보세요. 여러분이 약해졌을 때도 하나님께서 힘을 주실 거예요.

7 고문

우리가 사랑하는 사람들을 위해 기도하는 것은 쉬운 일이에요. 하지만 미워하는 사람을 위해 기도하는 것은 어떤가요? 리처드는 감옥의 간수들과 그를 고문한 사람들을 위해 기도했어요. 어떻게 그럴 수 있었나요? 마태복음 5:44, 누가복음 6:35을 읽어 보세요. 여러분을 힘들게 하는 사람들을 위해 기도하고 사랑할 수 있게 해 달라고 기도하세요.

8 완벽한 침묵

리처드는 성경을 볼 수 없을 때 그가 외우고 있던 성경 구절들을 떠올렸어요. 그 구절들은 그에게 확신과 평안을 가져다줬어요. 여러분은 외우고 있는 성경 구절이 있나요? 요한복음 3:16, 14:6로 말씀 암송을 시작해 보세요.

9 춤추고 뛰며 하나님을 찬양

리처드는 예수님의 이름을 그의 감방 벽에 새겼다가 고문을 당했어요. 마태복음 1:21을 읽고 왜 예수님의 이름이 그토록 특별한지 찾아보세요. 그리고 출애굽기 20:7을 읽어 보세요. 십계명은 하나님의 이름이 영광 받기에 합당하며 망령되이 부르면 안 된다고 말씀하고 있어요. 여러분은 하나님의 이름을 바르게 사용하며, 찬양하고 있나요? 여러분의 삶을 살펴보세요.

10 예수님께

리처드는 마음속으로 편지를 쓰며 하나님과 이야기했어요. 하나님은 편지에 답장을 주시듯, 그의 기도에 응답하셨어요. 여러분도 하나님께 마음속으로 편지를 쓰듯이 기도해 보세요. 이 방법으로 하나님께 기도하면 더 친근하고 쉽게 기도할 수 있어요. 하나님도 여러분이 보낸 편지에 기뻐하시며 답장을 보내실 거예요.

11 4번방

리처드는 4번방에 있을 때도 다른 죄수들에게 영적인 분위기와 형제간의 사랑이 싹트도록 영향을 줬어요. 기독교인들은 함께 살아가는 사람들에게 어떤 영향을 줘야 하나요? 마태복음 5:14-16을 읽어 보세요. 세상의 빛이 되기 위해, 그리스도인으로서 우리는 어떻게 살아야 하나요? 여러분 주변에 아직 하나님을 믿지 않는 사람들을 위해 무엇을 할 수 있을지 찾아보세요.

12 재교육

이 과에서 자신을 고문한 젊은 남자를 용서한 대수도원장의 이야기는 정말 놀라워요. 그는 어떻게 그렇게 할 수 있었나요? 마태복음 6:12, 14-15을 읽어 보세요. 여러분은 다른 사람들의 잘못을 용서하는 일이 쉬운가요? 하나님께 그 사람들을 미워하는 마음을 버리고 용서할 수 있게 해 달라고 기도하세요.

13 새로운 감방, 오래된 문제들

스트라바트 장군에게 소포가 도착했어요. 그는 리처드를 불러 사람들에게 소포 안에 있는 물건들을 나눠 줄 것을 부탁했어요. 또한 리처드는 자신에게 온 약을 더 필요한 사람에게 양보했어요. 여러분은 다른 사람들을 어떻게 도와주나요? 디모데전서 6:18-19을 읽어 보세요.

14 마침내 얻은 자유

리처드는 창문틀에 놓인 제비집을 봤어요. 그것은 리처드에게 하나님께서 그를 위한 계획을 갖고 계신다는 사실을 떠올리게 했어요. 마태복음 10:29-31을 읽어 보세요. 하나님께서 작은 새들도 돌보신다는 사실이 놀랍지 않나요? 이처럼 하나님은 언제나 여러분을 돌보고 계세요. 그리고 여러분을 향한 계획을 갖고 계세요. 잠언 3:5-6을 읽어 보세요. 언제나 여러분을 돌보시는 하나님을 믿고 의지하세요.

15 집으로

리처드는 마침내 집으로 돌아왔어요. 그는 사비나에게 자신의 상황이 불행에서 행복으로 변했다고 생각하지 말라고 했어요. 리처드는 항상 기뻤어요. 단지 감옥에서 예수님과 함께했던 기쁨이 가정에서 예수님과 함께하는 기쁨을 누리러 돌아온 거예요. 하나님은 늘 우리와 함께 계세요. 하나님께서 함께하신다는 사실이 여러분을 어떻게 달라지게 하나요? 하나님께서 여러분과 항상 함께하심을 감사드리세요.

16 다시 체포되다

수많은 고통을 당했음에도 리처드는 그것이 하나님의 뜻이라면 다시 감옥에 가기를 원했어요. 여러분은 혹시 인생에서 쉬운 선택만 하기를 원하고 있지 않나요? 하지만 하나님께서 우리 삶에 원하시는 선택은 항상 쉽지만은 않아요. 이사야 48:17-18을 읽어 보세요. 하나님은 여러분에게 가장 좋은 길이 어딘지 아신다는 사실을 기억하세요. 그리고 하나님의 판단과 인도하심을 믿으세요.

17 주님과 함께

리처드와 그의 가족들은 그들의 말할 자유와 예배드릴 자유를 찾기 위해 미국에 가기로 결정했어요. 그곳에는 자유가 있었지만, 하나님을 위한 자리가 없는 삶을 사는 사람들이 많았어요. 여러분 주변에도 하나님이 필요 없다고 생각하는 사람들이 있을 거예요. 그런 사람들에게 하나님의 말씀을 전하기 위해 여러분은 무엇을 할 수 있나요? 로마서 3:23, 디모데전서 6:17을 읽어 보세요. 비록 지금은 깨닫지 못할지라도 모든 사람에게 예수님이 필요하다는 사실을 기억하세요. 사람들에게 예수 그리스도를 전하는 것은 쉽지 않아요. 복음을 전할 때 하나님의 도우심을 구하세요. 그리고 이렇게 이야기하세요. "예수님께서 당신을 사랑하세요."

리처드 범브란트 생애 요약

　리처드 범브란트는 1909년 3월 24일에 루마니아 부쿠레슈티에서 태어났다. 부모님은 그가 어렸을 때 돌아가셨고, 그는 하나님을 믿지 않고 오랫동안 살았다. 그는 1936년에 사비나 오스테르를 만나 결혼했으며, 이후 기독교인으로서 믿음을 갖고 침례를 받았다. 사비나도 곧 기독교인이 됐다. 그리고 리처드는 부쿠레슈티의 노르웨이 루터교 선교사회의 목사가 됐다.

　리처드와 사비나는 제2차 세계대전 동안 전도하는 데 온 힘을 다해 헌신했고, 공산주의가 힘을 쥐고 있던 시절에는 루마니아에 있는 지하 교회를 도왔다. 1948년 2월, 리처드는 납치돼 감옥에 갇혔다.

　그는 감옥에서 고문을 당하고, 정신적으로 세뇌를 당했으며 그의 가족은 위협을 받았다. 사비나 또한 감옥에 갇혀서 일해야 했다. 1953년 그녀가 석방될 때, 루마니아 정부 관계자들은 그녀에게 리처드가 감옥에서 죽었다고 알려줬다.

　하지만 리처드는 살아 있었고, 1956년에 풀려나 오르소바 Orsova에 있는 교회에서 다시 한 번 목사로 섬겼다. 또한 리처드는 위험을 무릅쓰고 계속해서 지하 교회를 도왔다.

1959년, 그는 성경 말씀을 설교하는 것이 공산당의 원칙에 반대된다는 이유로 다시 체포돼 25년 형을 선고 받는다. 하지만 서양 나라들로부터 정치적인 압력이 들어오자, 1964년에 다시 풀려났다. 그다음 해에 리처드와 그의 가족은 루마니아를 떠나도록 허락받았다. 그때 몸값으로 공산당에 미화 $10,000달러의 돈을 냈다. 이 금액은 보통의 정치범들보다 5배가 넘는 액수였다.

처음에 리처드는 루마니아를 떠나는 것을 망설였다. 이때 몇몇 지하 교회 목사님들이 리처드에게 전 세계에 있는 지하 교회를 위해 목소리를 내 달라고 설득했다. 결국 리처드는 루마니아를 떠나, '미국 상원 국내 안전보장 분과위원회'에 참석하여 감옥에서 겪은 일을 증언했다. 그리고 전 세계 설교 여행을 다니며 복음을 전파했다. 1980년대 중반에는 '순교자의 소리' Voice of the Martyrs 사역을 시작해 기독교가 금지된 8개 나라와 다른 30개 나라에 사무실을 세웠다.

1990년, 리처드와 사비나는 25년 만에 루마니아로 돌아왔다. 리처드는 그가 세상을 떠난 2001년까지 순교자의 소리 이사회의 회원이자 자문으로 남았다. 리처드 범브란트는 영어, 루마니아어, 독일어 등으로 18권의 책을 썼는데, 이 책들은 지금까지 38개의 언어로 번역됐다.

리처드 밤브란트 연대표

1909	3월 24일 출생함
1914	제1차 세계대전이 시작됨
1916	루마니아, 영국과 동맹국들을 도와 참전함
1917	러시아 혁명이 일어남, 공산주의가 정부와 권력 장악함
1919	베르사유 조약(Treaty of Versailles)과 함께 제1차 세계대전 종전됨
1929	월스트리트(Wall Street) 붕괴됨
1933	히틀러(Hitler) 독일 총리 당선됨
1936	10월 26일 리처드와 사비나 결혼함
1939	제2차 세계대전이 시작됨
1945	얄타 회담(Yalta Conference)이 열림, 소비에트 연방 공화국과 서구 민주주의 국가들이 합의함, 유럽에서 세계대전 종전됨
1947	루마니아의 왕 미하이 1세가 물러나며 공산주의자들이 공식적으로 루마니아를 통치하기 시작함

1948	리처드 감옥에 갇힘
1956	리처드 풀려남
1959	리처드 다시 체포됨
1961	베를린 장벽 세워짐
1964	리처드 다시 풀려남
1965	노르웨이 선교사회의 유대인들이 뷈브란트 가족의 자유를 위해 $10,000달러의 몸값 중 일부를 지불함
1966	'미국 상원 국내 안전보장 분과위원회'에서 증언함 전 세계 설교 여행 시작함
1967	『순교자의 소리』 신문 발간됨
1989	베를린 장벽 무너짐, 유럽의 공산주의의 붕괴를 알리는 신호탄이 됨
1990	리처드와 사비나가 25년 만에 루마니아로 돌아옴
2000	8월 11일에 사비나 사망함
2001	2월 17일에 리처드 뷈브란트 사망함

173

저자의 간증(후기)

리처드 범브란트는 공산주의 아래에 고통받고 있는 기독교인들에 대한 소식을 널리 알리는 데 평생을 노력했다. 그의 모습에 감명을 받아, 전 세계에 아래와 같은 목적을 가진 많은 기관이 생겨났다.

1. 기독교를 박해하는 곳에서 사는 기독교인들을 찾아가 그들이 사명을 다하도록 격려하고 힘을 주기 위해.

2. 기독교를 박해하는 곳에서 사는 기독교인 순교자의 가족들에게 위안을 주기 위해.

3. 공산주의의 억압으로 고통받았던 기독교인들에게 스스로 삶을 재건하는 데 도움을 주기 위해.

4. 예수님을 믿는 사람들이 박해를 당하는 나라에서 사역할 때, 복음을 반대하는 사람들 앞에 쓰러지지 않고 예수님 안에서 승리할 능력을 길러 주기 위해.

5. 기독교인들에게 포악한 일을 일삼는 상황을 전 세계에 알리고 그들의 용기와 믿음을 기억함으로써 모든 믿는 사람에게 동료의식을 강조하기 위해.

이를 위해 힘쓰는 기관들에서는 성경책을 제공하고, 설교문과 라디오 방송 그리고 다른 형식의 도움을 통해 이 일을 달성하고 있다. 우리는 많은 기독교인이 이 일에 동참하기를 바라며, 이를 위해 늘 기도해 주기 바란다. 그래서 온 세상에 하나님의 사랑이 퍼지기를 기대한다.

프리셉트 어린이 클래식 도서

프리셉트 어린이 클래식 ❶

부활

이 책은 러시아의 대문호 톨스토이의 대표작 중 하나로, '성경대로 사는 삶이 결국 승리하는 삶'이라는 전제에서 출발하고 있다. '나의 작은 행동이 미래의 나와 타인에게 큰 영향을 미칠 수 있다'는 교훈을 갖게 할 것이다.

■ 톨스토이 지음 | 값 10,000원

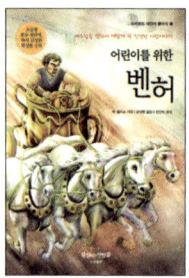

프리셉트 어린이 클래식 ❷

어린이를 위한 벤허

이 책은 친구의 배신으로 복수심에 불타던 벤허가 예수님을 만나면서 진정한 사랑을 깨닫는 이야기다. 흥미진진한 벤허의 삶을 따라가다 보면, 어느새 어린이들이 그 속에서 진리 되신 예수님을 발견하게 될 것이다.

■ 루 월리스 지음 | 값 8,000원

프리셉트 어린이 클래식 ❸

어린이를 위한 천로역정

이 책은 크리스천 가족의 천국 여행기를 통해 아직 믿음과 신앙의 삶이 어떤 것인지 잘 알지 못하는 우리 아이들에게 강한 용사의 삶을 살아가도록 도와주는 소중한 기회를 제공할 것이다.

■ 존 번연 지음 | 값 7,500원

프리셉트 T.02-588-2218 | www.precept.or.kr

프리셉트 어린이 신앙전기 도서

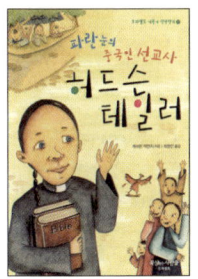

프리셉트 어린이 신앙전기 ❶

파란 눈의 중국인 선교사 **허드슨 테일러**

중국인들의 진정한 친구가 된 허드슨 선교사의 일생을 통해, 어린이들은 기도의 능력에 대해 배우게 될 것이다. 또한 자신의 힘으로 감당할 수 없는 어려움을 기도로 극복하는 방법을 깨닫게 될 것이다.

■ 캐서린 맥켄지 지음 | 값 8,000원

프리셉트 어린이 신앙전기 ❷

고아들의 영웅 **조지 뮬러**

가난하고 외로운 고아들을 돌보는 사역과 영혼을 구원하는 일에 전념했던 조지 뮬러 목사의 삶을 통해 기도와 섬김의 삶이 얼마나 복되고 귀한 것인지 어린이들에게 가르칠 수 있을 것이다.

■ 아이린 호왓 지음 | 값 8,000원

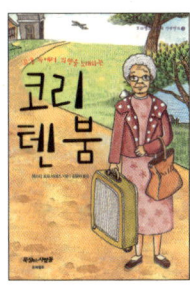

프리셉트 어린이 신앙전기 ❸

고통 속에서 희망을 노래하는 **코리 텐 붐**

나치가 지배하던 세상은 잔인한 증오심으로 가득했다. 그러나 코리는 말씀을 통해 희망을 노래할 수 있었다. 코리의 일생을 통해, 이 시대에 어린이들에게 희망의 노래를 가르치게 될 것이다.

■ 체스티 호프 바에즈 지음 | 값 7,500원

프리셉트 T. 02-588-2218 | www.precept.or.kr

프리셉트 어린이 신앙전기 도서

프리셉트 어린이 신앙전기 ❹

달리기 챔피언 선교사
에릭 리들

에릭 리들은 주일에는 달릴 수 없다는 이유로 우승이 유력한 올림픽 경기 출전을 거부했다. 하지만 하나님의 인도하심으로 에릭은 아무도 기대하지 않았던 종목에서 금메달을 땄고, 세상이 주는 영광을 얻었다. 그러나 그의 관심은 오직 하나님의 뜻에 있었다. 주일을 지키며 하나님의 영광을 위해 달렸던 신앙인 에릭 리들의 이야기에 귀 기울여 보자.

■ 존 케디 지음 | 값 8,000원

프리셉트 어린이 신앙전기 ❺

꿈과 열정의 전도자
빌 브라이트

빌 브라이트는 평생 뜨거운 전도의 열정을 품고 세계를 누비며 그의 일생을 하나님께 바쳤다. 그는 CCC(국제대학생선교회)를 설립했으며, 복음을 효과적으로 전하기 위해 연구하고, 늘 주님과 동행하고자 했다. 이 세대의 위대한 명령을 성취하고자 했던 빌 브라이트의 생애를 통해, 어린이들에게 실천하는 참된 신앙인의 모습이 무엇인지 보여 줄 것이다.

■ 킴 트위첼 지음 | 값 8,000원

 T. 02-588-2218 | www.precept.or.kr

프리셉트 어린이 추천 도서

The Amazing Expedition Bible
놀라운 성경 탐험

이 책은 성경말씀과 세계의 역사를 병행하여 만든 새로운 방식의 성경책으로, 58가지의 성경 이야기가 시대순으로 재미있게 재구성되어 있다. 이를 통해 어린이들은 성경의 많은 사건들을 살펴보고, 각 이야기들이 흘러가는 과정을 보며 하나님의 말씀에 흥미를 가지게 될 것이다.

■ 메리 홀링스워스 지음 | 값 15,000원

나의 사랑하는 성경

흥미로운 성경 이야기와 다채로운 그림을 통해 어린이들이 말씀에 친숙하게 다가가도록 도와주는 어린이 성경이다. 이해하기 쉽게 해석된 성경 이야기를 접하며 우리 아이들의 신앙이 자라게 될 것이다.

■ 오대희 지음 | 구약 값 12,000원
신약 값 12,000원

프리셉트 T. 02-588-2218 | www.precept.or.kr

살아 있는 순교자

리처드 범브란트

지은이 | 캐서린 맥켄지
옮긴이 | 박상현
그린이 | 박윤숙

초판 1쇄 | 2017년 2월 28일
초판 2쇄 | 2023년 6월 28일

발행인 | 김경섭
국제총무 | 최복순
총무 | 김현욱
협동총무 | 김상현
편집부 | 고유영(편집실장), 김성경, 박은실
인쇄 | 영진문원

발행처 | 묵상하는사람들
등록번호 | 20-333
일부총판 | 생명의말씀사 Tel. (02) 3159-7979 Fax. 080-022-8585

주소 | 서울특별시 서초구 청룡마을길 8-1(신원동) (우) 06802
전화 | (02) 588-2218   팩스 | (02) 588-2268
홈페이지 | www.precept.or.kr
국민은행 431410-04-058116(프리셉트선교회)
2017 ⓒ 묵상하는사람들

값 8,000원
ISBN 978-89-8475-704-2 74230
          978-89-8475-645-8 74230(세트)

독자 여러분의 의견을 기다립니다.
독자 전화 (02) 588-2218 / pmbook77@naver.com